F  40179

# PROGRAMME

DU COURS DE

# DROIT CRIMINEL

FAIT A LA FACULTÉ DE TOULOUSE

## Par M. VICTOR MOLINIER

PROFESSEUR TITULAIRE.

re PARTIE.

PROLÉGOMÈNES. — PHILOSOPHIE ET HISTOIRE DU DROIT CRIMINEL.

TOULOUSE
IMPRIMERIE DE BONNAL ET GIBRAC
RUE SAINT-ROME, 46.

1851.

850

C.

# AVERTISSEMENT.

---

Ce programme est uniquement destiné à mes élèves. Il remplace le cahier que j'avais d'abord dicté et que je faisais autographier les années précédentes. Il remplira le seul but que je me propose en le publiant, s'il initie ceux qui le parcourront à la méthode que j'ai adoptée, et s'il fournit à mes auditeurs un guide au moyen duquel ils puissent revoir avec facilité ce qui fait l'objet de mes leçons orales. L'élève qui a suivi assiduement mon cours et qui y a recueilli mes doctrines et mes solutions, pourra, à l'aide de ce Programme et des notes qu'il aura eu le soin de prendre, préparer ses examens avec facilité. Celui qui n'a pas assisté à toutes mes leçons, n'y trouvera que l'exposition de mes plans, qu'un aperçu de ma méthode, que l'indication des difficultés et des questions qui doivent être résolues. Il ne pourra, qu'à l'aide de beaucoup de travail et d'un grand nombre de livres, voir et apprendre tout ce qui n'est qu'indiqué dans ce Programme.

J'ai donné des développements un peu étendus à la partie qui résume mes leçons sur la philosophie et sur l'histoire du droit criminel. Ces matières reposent sur des principes qui ne peuvent être saisis qu'à l'aide d'une grande attention, et sur des documents nombreux qu'il était nécessaire d'indiquer. J'ai même placé à la suite de cette première partie, un Appendice contenant les plus importants des documents que je cite dans mes leçons, afin que mes jeunes légistes aient sous les yeux une sorte de *spécimen* du Droit criminel de chaque époque.

Je serais heureux si l'impression de ce nouveau programme peut être considérée comme une preuve de mon dévoûment pour mes élèves, et du vif désir que j'éprouve de leur rendre facile l'étude de l'une des branches les plus importantes et les plus intéressantes de la vaste science du Droit.

*Chaque exemplaire de ce Programme porte la signa-*
*ture de l'auteur.*

# COURS

# DE DROIT CRIMINEL.

## PROLÉGOMÈNES.

### PHILOSOPHIE DU DROIT CRIMINEL.

**Notice Bibliographique.**

AHRENS, *Cours de Droit naturel ou Philosophie du droit, d'a-près l'état actuel de la science en Allemagne*, 2ᵉ édit., 1 vol. in-8°, 1844. = BECCARIA, *des Délits et des Peines*, traduction française de Dufey de l'Yonne, 1 vol. in-8°, Paris, 1821. = BELIME, professeur à la faculté de Dijon, *Philosophie du Droit ou Cours d'introduction à la science du Droit*, 2 vol. in-8°. = BENTHAM (Jérémie), *Traité de Législation civile et pénale*, publié en français par M. Dumont, 3ᵉ édit., 1831, 3 vol. in-8°. — *Théorie des peines et des récompenses*, 3ᵉ édit., 1827, 2 vol. in-8°. = CARMIGNANI (Joannis), In Pisana academia Antecessoris, *juris criminalis elementa*, editio 5ª, Pisis, 1823, 2 vol. in-12. — *Teoria delle leggi della sicurezza sociale*, Pisa, 1831, 4 vol. in-8°. = FALCK, *Cours d'introduction générale à l'étude du Droit, ou Encyclopédie juridique*, traduite de l'Allemand et annotée par M. PELLAT, doyen de la Faculté de Paris, 1 vol. in-8°, 1841 = FEUERBACH, *Lherbuch des gemeinen in Deutschland Gültigen peinlichen rechts* (Manuel de Droit pénal commun allemand); Giessen, 1840, 1 vol in-8°. = FILANGIERI, *la Science de la législation*, traduction française de Gauvain-

1

Gallois, avec un commentaire et des notes de Benjamin Constant, Paris, 1822, 5 vol. in-8°. ⸗ JOUFFROY (Théodore), *Cours de Droit naturel*, professé à la faculté des lettres de Paris, 3 vol. in-8°, 1834. ⸗ GROTIUS, *le Droit de la guerre et de la paix*, traduction avec notes de Barbayrac, 2 vol. in-4°, Amsterdam, 1729. ⸗ KANT (Emmanuel), *Principes métaphysiques du Droit*, traduction française, de M. Tissot, 1 vol. in-8°, 1837. ⸗ NICOLINI (Niccola), *della Giurisprudenza penale*, Livorno, 1845, 2 vol. in-8° ; — *Quistioni di dritto trattate nelle conclusioni, ne' discorsi ed in altri scritti legali*, Livorno, 1844, 1 vol. in-8°. ⸗ ORTOLAN, *Cours de Législation pénale comparée*, introduction philosophique, 1 vol. in-8°, Paris, 1839 ; — Partie historique, 1 vol. in-8°, Paris, 1841. ⸗ PACHECO, *Estudios de Derecho penal*, lecciones pronunciadas en el Atenéo de Madrid ; Madrid, 1842, 2 vol. in-8°. ⸗ PUFFENDORF, *le Droit de la nature et des gens*, traduction française avec des notes de Barbayrac, 2 vol. in-4°, Leyde, 1771 ; — *des Devoirs de l'homme et du citoyen*, traduction française et notes de Barbayrac, 2 vol. in-12, Amsterdam, 1723. ⸗ ROMAGNOSI, *Genesi del Diritto penale*, 4ᵃ édit. Firenze, 1832, 1 vol. in-8°. ⸗ ROSSI, *Traité de Droit pénal*, Paris et Genève, 1839, 3 vol in-8°. ⸗ SCHÜTZENBERGER, professeur à la faculté de Strasbourg, *les Lois de l'Ordre social*, 2 vol. in-8°, Paris, 1849 et 1850. ⸗ ZUPETTA (Louis), *Leçons de Métaphysique de la Science des Lois pénales*, traduites de l'original italien, par l'auteur lui-même, 1 vol in-8°, Paris, 1847.

### Notions générales.

Le mot DROIT, employé dans un sens métaphorique, comme traduction du latin *rectum*, pour exprimer ce qui sert de règle, de mesure, offre l'idée de l'appréciation des actions humaines à l'aide d'un précepte préétabli. Ainsi on dira qu'un acte est contraire au DROIT lorsqu'il enfreint une règle préexistante.

Dans un autre sens, le mot DROIT est aussi employé

pour exprimer la faculté d'exercer certains actes licites. Ainsi on dira le DROIT *de légitime défense* pour exprimer la faculté de se protéger lui-même contre une injuste agression dont tout homme est investi dans des circonstances déterminées.

Enfin, dans un sens large et collectif, le mot DROIT sert à exprimer un ensemble de règles obligatoires, à l'observation desquelles chacun peut être contraint par l'emploi d'une coërcition extérieure. La connaissance du Droit et son application sont, dans ce sens, l'objet de la *Jurisprudence.*

L'idée du *Droit* implique celle de l'*obligation*, c'est-à-dire de la nécessité d'accomplir certains faits, d'en subir l'accomplissement, ou de s'abstenir de certains actes.

Le Droit se rattache à la morale, car il se compose d'une collection de préceptes qui enchaînent la liberté humaine et auxquels l'homme est tenu de conformer ses actions; il en diffère en ce qu'il ne comprend que les seuls préceptes dont l'observation peut être exigée, et doit, au besoin, être assurée au sein des sociétés, par des moyens coërcitifs.

Le Droit se divise en DROIT NATUREL et en DROIT POSITIF.

On appelle *Droit naturel* l'ensemble méthodique des lois naturelles, c'est-à-dire des règles de conduite moralement obligatoires, qui émanent de la nature de l'homme et qui sont propres à le diriger dans l'accomplissement de sa destinée. Le Droit naturel est antérieur et supérieur aux lois positives; il exprime la pensée de Dieu lors de la création; il est immuable, parce qu'il retrace les décrets d'une suprême intelligence, et il ne saurait, par conséquent, être altéré par les dispositions des lois positives (1).

La destinée d'un être créé étant manifestée par l'organisation qui lui a été donnée et par les faits, qui sont la conséquence de cette organisation, on doit arriver à la notion du Droit naturel par l'étude des faits physiques et moraux qu'offre l'humanité. L'observation nous montre l'homme doué du libre arbitre progressant à l'état social dans le perfectionnement de ses facultés morales et l'augmentation de son bien-être matériel. Le Droit naturel doit, dès-lors, avoir pour objet de coordonner l'exercice de la liberté et le développement des facultés de chacun dans des conditions qui puissent comporter l'exercice de la liberté et le développement des facultés de tous (2).

---

(1) « Naturalia jura, divina quadam providentia constituta, semper firma atque inmutabilia permanent (Inst. lib. I, tit. 2, § 11). — Civilis ratio jura naturalia corrumpere non potest. » ( GAIUS, *L. 8. D. de capite minutis.*)

« La loi éternelle n'est point arbitraire, dit l'un de nos plus profonds philosophes français, MALEBRANCHE, c'est l'ordre immuable des perfections divines. Dieu, par exemple, peut ôter à ses créatures l'être qu'il leur a donné librement ; mais le souverain domaine qu'il a sur elles ne lui donne pas le droit de les traiter injustement. L'être est pure libéralité ; mais le bien-être et le mal-être, le plaisir et la douleur, la récompense et la peine, doivent être réglés selon l'ordre immuable de la justice, que le juste juge aime invinciblement et par la nécessité de sa nature. » *De l'Amour de Dieu.*

(2) Emmanuel KANT a, dans ce sens, défini le Droit : « L'ensemble des conditions sous lesquelles la liberté extérieure de chacun peut coexister avec la liberté de tous suivant une loi générale. » De là, le précepte du Droit qu'il formule en ces termes : « Agis de telle sorte que le libre usage de ton arbitre puisse se concilier avec la liberté de tous, suivant une loi universelle. » De là encore ce principe général pour l'appréciation de la moralité des actions humaines : « Est juste toute action qui n'est point, ou dont la maxime n'est point un obstacle

Le *Droit positif* se compose des lois établies et promulguées dans chaque état, suivant les formes constitutionnelles.

La loi offre un précepte obligatoire pour tous, qui émane d'un législateur ou qui est engendré par la coutume.

L'art du *Législateur* consiste à déduire des mœurs et des rapports particuliers établis au sein de chaque peuple les règles les plus propres à lui procurer, par l'application des préceptes du Droit naturel, la somme la plus forte de bien-être moral et matériel.

Le *Jurisconsulte* a pour mission d'interpréter la loi selon la pensée du législateur, de suppléer à son silence et d'appliquer les règles qu'elle consacre aux faits particuliers qu'engendrent les rapports divers de la vie sociale.

L'observation des préceptes du Droit maintient, au sein des sociétés humaines, *la Justice*, c'est-à-dire cette exacte pondération des droits et des obligations de chacun qui fait régner l'ordre et l'harmonie dans le monde social (1).

-------

à l'accord de la liberté de l'arbitre de tous avec la liberté de chacun, suivant une loi générale. » *Principes métaphysiques du Droit,* Introduct., §§ B et C.

(1) « Les devoirs que chacun se doit à soi-même, aussi bien que ceux que nous devons au prochain, dit MALEBRANCHE, peuvent se réduire, en général, à travailler à notre bonheur et à notre perfection : à notre perfection, qui consiste principalement dans une parfaite conformité de notre volonté avec l'ordre ; à notre bonheur, qui consiste uniquement dans la jouissance des plaisirs, j'entends des solides plaisirs et capables de contenter un esprit fait pour le souverain bien. — C'est dans la conformité de la volonté avec l'ordre que consiste principalement la perfection de l'esprit. Celui qui aime l'ordre plus que toutes choses a de la vertu ; celui qui obéit à l'ordre en toutes choses remplit ses devoirs, et celui-là mérite un bonheur solide, la récompense légi-

En contemplant à la fois l'humanité et les sociétés particulières qui la fractionnent, on constate que la vie sociale engendre des rapports dont la diversité peut servir de base au classement suivant des règles qui composent l'ensemble encyclopédique de la science du Droit :

**I.** Rapports de l'homme avec la Divinité, DROIT DIVIN ; règles selon lesquelles s'exerce le culte extérieur (1).

**II.** Rapports de l'homme avec ses semblables, DROIT HUMAIN qui se divise de la manière suivante :

1. Règles selon lesquelles s'exercent les rapports de famille et les rapports d'individu à individu : DROIT CIVIL OU PRIVÉ (2).

2. Règles déterminant les rapports de l'individu avec l'Etat dont il est membre : DROIT PUBLIC. Il embrasse :

**A.** Les règles qui organisent les pouvoirs sociaux : *Droit constitutionnel* (3).

**B.** Celles qui se réfèrent aux intérêts collectifs et généraux du corps social : *Droit administratif* (4).

---

time d'une vertu éprouvée, qui sacrifie à l'ordre ses plaisirs présents, souffre les douleurs et se méprise soi-même par respect pour la loi divine. » *Traité de Morale*, 2ᵉ part., ch. 14, Nᵒ 1 et 2.

(1) Notre législation française nous offre des dispositions qui se réfèrent à ce droit dans l'art. 7 de la constitution du 4 novembre 1848, et dans la loi du 18 germinal an X, relative à l'organisation des cultes.

(2) On trouve les principales sources de ce droit dans notre Code civil, dans notre Code de commerce pour ce qui concerne les rapports qu'engendre l'industrie commerciale, et dans notre Code de Procédure civile

(3) La constitution du 4 novembre 1848, et les lois organiques qui la complètent, nous offrent les sources de ce Droit.

(4) Les sources de ce Droit consistent dans les nombreuses lois et dans les réglements, qui organisent l'administration, qui se réfèrent au gracieux et qui régissent le contentieux administratif.

**C.** Celles qui ont pour objet de sanctionner l'observation des préceptes, du Droit, en menaçant d'une peine ceux qui enfreignent ses préceptes, et en organisant des moyens propres à réaliser cette menace : *Droit criminel.*

Cette branche de la science embrasse :

*a.* Le Droit pénal ;

*b.* L'organisation des tribunaux de répression ;

*c.* La Procédure criminelle (1).

3. Règles qui régissent les rapports qui s'établissent entre les nations considérées comme des personnes juridiques, et qui régissent les individus au sein des nations étrangères : Droit des gens ; *Droit international public et privé* (2).

**III.** Rapports des hommes avec les êtres extérieurs, avec les choses, DROIT RÉEL. — Etendue du domaine souverain de l'homme sur les corps inorganiques ; sur les corps organiques dépourvus de sensibilité ou doués de sensibilité (3).

----

(1) Les sources du Droit criminel consistent dans notre Code pénal, dans notre Code d'instruction criminelle, dans une partie du Code forestier, et dans des lois particulières assez nombreuses qui complètent ou qui modifient ces codes.

(2) Nous pouvons considérer comme sources de ce Droit, les traités diplomatiques, les usages internationaux et les préceptes du droit naturel. Voici l'indication de quelques ouvrages élémentaires que les jeunes légistes studieux pourront parcourir avec fruit : KLUBER . Droit des gens de l'Europe moderne, Paris, 1831, 2 vol. in 8°. — MARTENS, Précis du Droit des gens moderne de l'Europe, Paris, 1831, 2 vol. in 8°. — VATTEL, le Droit des gens, édition revue par M. Royer-Collard, professeur à la faculté de Paris, et augmentée de notes par M. Pinheiro-Ferreira, Paris, 1836-1838, 2 vol. in 8°. — FOELIX, traité du Droit international privé, 1 vol. in 8°. Paris, 1843.

(3) L'étendue des droits que l'homme exerce sur les animaux qu'il s'est appropriés, se trouve limitée par la loi du 2 juillet 1850, dont l'article unique est ainsi conçu : « Seront punis d'une amende de

On voit, d'après ce classement, que le Droit criminel constitue une des branches du Droit public. Cette place lui est aujourd'hui assignée dans l'ensemble encyclopédique de la science du Droit par presque tous les juristes.

### Du droit de punir.

L'origine du Droit de punir a été pour les publicistes le sujet de vives controverses, qui ont une importance d'autant plus grande, que les divers systèmes qu'ils ont voulu établir ont exercé une profonde influence sur le choix et sur la mesure des peines. Il convient donc de parcourir ceux de ces systèmes, qui ont été le plus généralement admis.

1. Pour quelques publicistes le droit de punir n'offre qu'une *vengeance* légitime que la société se charge d'exercer à la place du citoyen offensé. Nous ne nous arrêterons pas à cette idée; la vengeance n'est qu'une *passion;* les mouvements désordonnés des sens et de l'âme ne sauraient devenir la source d'un droit : *lex non irascitur sed cavet.*

2. D'autres font dériver le droit de punir, d'une convention primitive, lors de laquelle les hommes, en entrant en société, se seraient soumis à des peines pour le cas où ils viendraient à commettre certaines actions, propres à troubler l'ordre et la paix générale.

---

cinq à quinze francs. et pourront l'être d'un à cinq jours de prison, ceux qui auront exercé *publiquement* et *abusivement* de mauvais traitements envers les animaux *domestiques.* — La peine de la prison sera toujours appliquée en cas de récidive. — L'art. 483 du Code pénal sera toujours applicable. »

Ce système repose sur la supposition d'un prétendu contrat social, qui n'est jamais intervenu entre les hommes, il est, par conséquent, en dehors de la vérité (1).

3. Un troisième système justifie l'emploi des châtiments par leur *utilité* et leur *nécessité*. La peine, pour ceux qui l'adoptent, est un moyen d'intimidation dont l'emploi est légitime, par cela seul qu'il est nécessaire pour le maintien de l'ordre : cette théorie est fausse et incomplète, lorsqu'on l'admet d'une manière absolue. Elle suppose, contrairement à la réalité, que tout ce qui est utile est juste. Elle tend à introduire dans l'application des peines, une excessive sévérité. Elle mesure les châtiments, moins sur la moralité des actions humaines que sur les nécessités extérieures de l'intimidation (2). Elle rabaisse celui que la peine frappe en le faisant servir de moyen pour procurer le bien-être des autres (3).

---

(1) Cette théorie se produit dans tous les écrits des publicistes du XVIIIe siècle. On la rencontre notamment dans ceux de BECCARIA, de ROUSSEAU, de BLACKSTONE. Jérémie Bentham la combattit dans ses premiers écrits, avec toute la puissance de sa vigoureuse logique.

(2) « Quand un juge de Bagdad condamnait à mort un étranger innocent, en lui disant : je pleure sur ton sort, mais je te condamne parce que le salut de Bagdad le demande ! il raisonnait, dit M BELIME, comme un utilitaire sensible ; mais la justice démentait ses paroles. » *Philosophie du droit*, t. 1, p. 402.

(3) BENTHAM, que nous pouvons considérer comme l'apôtre de la doctrine utilitaire, a exposé cette théorie et en a développé les conséquences pratiques dans ses travaux. Voir la notice sur la vie et les ouvrages de Bentham que nous avons publiée dans la *Revue de Législation et de jurisprudence*, année 1836, tome V, p. 209.
Les doctrines de l'école utilitaire ont été réfutées à notre époque avec beaucoup de talent, par M Théodore JOUFFROY, dans son *Cours de Droit naturel*, tome 2, p. 1re, et par M. ROSSI, dans son *Traité de Droit pénal*, tome 1er, p. 139.

4. D'autres publicistes, partant d'un point de vue entièrement opposé à celui des utilitaires, fondent le droit de punir sur la seule moralité des actions humaines, et sur les nécessités de la justice absolue, qui exige que toute action coupable soit suivie d'un châtiment. Assurément s'il est une vérité morale incontestable, c'est celle que proclame cette voix intérieure qui s'échappe du cœur de tous les hommes et qui nous dit que celui qui fait le bien doit être heureux, que celui qui fait le mal doit, dans cette vie ou dans celle qui la suivra, être malheureux. Rien n'attriste davantage l'ame que le spectacle du triomphe du vice et de l'oppression de la vertu. (1). Il ne saurait donc être question de révoquer en doute la légitimité des châtiments; seulement on demande, dans ce système, si la société a le droit de les infliger dans cette vie et de se considérer comme l'instrument de la justice divine? La question ainsi posée acquiert une grande simplicité et doit se résoudre par une combinaison du principe de l'utilité avec celui de l'expiation.

5. Dans nos idées qui sont celles de la plupart des publicistes de notre époque, le Droit de punir trouve son principe dans la justice et la mesure de son exercice dans l'utilité. L'expiation s'offre comme une chose bonne et juste en soi, dont l'emploi est légitime toutes les fois que la société a intérêt à y avoir recours. Le coupable, lorsqu'il est puni, n'a pas à se plaindre, car le châtiment qu'on lui inflige, s'il est en rapport avec la moralité de l'acte qu'il réprime, satisfait aux exigences de

---

(1) « Il n'y a point de Dieu, s'écrie MALEBRANCHE, si l'ame n'est immortelle, et si l'univers ne change un jour de face : car un Dieu injuste est une chimère » *Traité de morale*, 2e partie, chap 14, n° 4.

la justice au lieu de la blesser (1). S'il conteste à la société le droit dont elle s'investit de le frapper, elle lui répondra en invoquant les nécessités du maintien de l'ordre, et le droit qu'elle a de se protéger, elle et ses membres, contre toute injuste agression. Dans ce système toutes les fautes ne sont pas réprimées, parce qu'il en est que la justice humaine ne doit pas rechercher, et dont il convient qu'elle laisse le châtiment à la justice plus élevée de Dieu. La société s'arme contre les actions mauvaises toutes les fois qu'elle le juge utile, et frappe dans une mesure qu'elle base sur la moralité de l'acte et sur les nécessités de sa propre défense (2).

Il résulte de cette théorie que la loi positive doit être *déclarative* de la moralité juridique des actions humaines, car il est nécessaire qu'elle proclame et qu'elle fasse connaître ce qu'elle ordonne ou ce qu'elle défend.

---

(1) PLATON dans son dialogue sublime intitulé *le Gorgias*, s'élevant à l'intuition du beau, du juste en soi et de la loi morale, exprime ces admirables et profondes pensées : « Celui qui commet une injustice est plus malheureux que celui qui la souffre, car celui qui la souffre n'a pas dévié des voies de la justice... C'est un plus grand mal de n'être pas puni de ses crimes que d'en être puni .. La peine qui efface la faute et qui guérit le coupable , est pour lui un bien qu'il devrait rechercher au lieu de l'éviter. (Voir ce dialogue dans le tome III de la traduction des œuvres de Platon par M. Cousin).

(2) Cette doctrine est exposée avec détail dans un travail remarquable, publié par M. de BROGLIE dans la *Revue française* du mois de septembre 1828 et dans le *Traité de Droit pénal* de M Rossi, publié en 1829. M. BÉLIME l'a résumée en ces termes dans sa *Philosophie du Droit :* « Toute action criminelle mérite un châtiment ; à Dieu appartient le droit de l'infliger. — Les hommes ne peuvent se faire les ministres de la punition qu'autant que la nécessité l'exige ; mais ils le peuvent quand la nécessité l'exige. — S'il n'y a pas nécessité , c'est-à-dire dangers pour le corps social, l'égalité naturelle des hommes et la possibilité de l'erreur , doivent les empêcher d'intervenir entre la conscience du coupable et la justice de Dieu. » Tom. 1er , p. 406.

Elle est *préventive*, à l'aide de l'intimidation résultant de la menace d'une peine, qui engendre une sorte de *contrainte psychologique*, propre à déterminer la volonté humaine à faire ce qui est ordonné, ou à s'abstenir de ce qui est défendu.

Elle est *répressive*, car elle punit par la souffrance physique ou morale, la volonté rebelle qui méconnaît ses préceptes, qui engage une lutte injuste contre la volonté du corps social, qui lèse par la violence ou par la fraude, les droits dont la jouissance est garantie par l'état.

La loi pénale doit encore être *pénitentiaire*, en se proposant pour but d'améliorer le coupable, d'opérer en lui une réaction morale propre à réformer ses vices et à le blanchir par l'expiation.

### Des peines, de leur mesure et des qualités qu'elles doivent posséder.

La peine consiste dans un mal physique ou moral infligé, en vertu de la loi et selon les formes qu'elle détermine, à celui qui a été reconnu coupable d'un fait illicite de commission ou d'omission (1).

Trois mobiles déterminent généralement la volonté humaine :

Le mobile *instinctif* ou *passionné* commun à l'homme et aux animaux ;

---

(1) GROTIUS a défini la peine : « Malum passionis quod infligitur ob malum actionis. » (*De jure belli ac pacis*, lib. II, cap. 20).— HOBBES, en parlant de l'idée du pouvoir absolu dont reste investi le souverain, l'a définie : « Malum, transgressori legis auctoritate publica institutum, eo fine ut terrore ejus voluntates civium ad obedientiam conformentur. » (*Leviathan*, cap. 28).

Le mobile *rationnel* ou *intéressé*, qui détermine l'homme à agir ou à s'abstenir par la perception de l'influence de ses actes, sur son bien-être individuel.

Le mobile *moral* qui détermine la volonté de l'homme par l'obligation de conformer ses actions à la loi du devoir.

Le législateur s'adresse à la fois au mobile moral et au mobile intéressé; il établit des préceptes auxquels les hommes sages et vertueux conforment leurs actes par amour pour le bien et par la seule considération de la nécessité morale d'accomplir les devoirs que leur impose la vie sociale; il établit des peines, et il en assure l'application afin que la crainte d'un mal grave engendre une coaction salutaire, lorsque la perception de la moralité seule des actes ne serait pas une cause suffisante de détermination (1).

Pour être juste, la peine doit se renfermer dans les limites qui lui sont assignées par la moralité du fait qu'elle réprime et par les nécessités de la protection due à la société. Trop forte, elle inflige un mal inutile, elle blesse les droits de ceux auxquels on l'applique, et elle offre un abus de la force plutôt qu'un acte de justice; trop faible, elle livre les bons aux violences et aux injustices coupables des méchants, et elle les prive de la protection qu'ils ont le droit d'obtenir de la société (2).

---

(1) *Oderunt peccare boni virtutis amore ;*
*Oderunt peccare mali formidine pœnæ.*

(2) . . . . . . . . . . . . . *adsit*
*Regula peccatis quæ pœnas irroget æquas ;*
*Ne scutica dignum, horribili sectere flagello.*
HORAT. sat. lib. I, sat. 3.

« La peine perd de sa force, dit avec raison M. SCHÜTZENBERGER,

Il est désirable que les peines soient :

1. *Personnelles,* dans ce sens qu'elles ne puissent atteindre que les seules personnes auxquelles elles sont infligées (1).

2. *Divisibles.* Les peines temporaires privatives de la liberté et les peines pécuniaires possèdent cette qualité. La peine de la mort naturelle et les peines perpétuelles ont le défaut d'être indivisibles.

3. *Egales,* dans le sens d'une égalité dans le mal qu'elles infligent.

4. *Certaines.* Une peine est certaine, lorsque le mal qu'elle doit infliger atteint inévitablement celui qui doit la subir.

5. *Rémissibles et réparables,* car la justice humaine ne peut arriver à la constatation de la vérité absolue ; les jugements qu'elle rend ne reposent que sur des présomptions.

---

lorsque la douleur physique ou morale qu'elle inflige est, par sa rigueur ou sa faiblesse, hors de proportion avec le désordre causé par une action coupable ou bien lorsqu'elle est sans rapport avec la perversité de la volonté que révèle un acte coupable. Lorsque la peine est trop faible, elle ne produit aucun effet ; elle cesse d'être répressive lorsqu'elle est trop rigoureuse, elle transforme celui qui la subit en une victime. Le sentiment personnel de l'injustice est un bouclier qui protége le coupable contre la société qui le frappe. Le condamné se pose en vaincu et traite la société qui le punit en ennemi. La souffrance morale de la peine est amortie ; la honte et la flétrissure sont effacées. » *Les lois de l'ordre social,* tome 1er, p. 140.

(1) Un décret de l'Assemblée constituante du 21 janvier 1790 contient les dispositions suivantes : « Les délits et les crimes étant personnels, le supplice d'un coupable et les condamnations infamantes quelconques n'impriment aucune flétrissure à sa famille ; l'honneur de ceux qui lui appartiennent n'est nullement entaché, et tous continueront d'être admissibles à toutes sortes de professions, d'emplois et de dignités. »

6. *Morales.* Elles ne doivent pas offenser la pudeur et les mœurs publiques.

7. *Populaires.* « Le législateur, dit BENTHAM, doit éviter soigneusement dans le choix des peines celles qui choqueraient des préjugés établis. » (1)

8. *Exemplaires* (2).

9. *Réformatrices* (3).

Le législateur, lorsqu'il établit les peines, le juge, lorsqu'il les inflige en usant de la latitude que la loi lui donne pour les appliquer, doivent se guider par des règles qu'il n'est pas sans utilité de formuler.

1<sup>re</sup> RÈGLE. *La peine des délits auxquels entraîne le mouvement désordonné des passions violentes, doit être d'une nature telle que l'idée de cette peine puisse produire une impression profonde et se présenter facilement à l'esprit.* La peine de mort possède cette qualité. L'image de l'échafaud poursuit sans cesse celui qui médite un assassinat.

2<sup>e</sup> RÈGLE. *Pour les délits auxquels l'homme est poussé par le mobile égoïste, par les calculs d'une basse cupidité, il est indispensable que le mal de la peine dépasse la somme des profits espérés.*

De l'idée du profit résulte la force impulsive qui pousse au délit; de l'idée de la peine doit résulter une force de résistance capable de déterminer l'homme à s'abstenir ou à accomplir ce qu'exige la loi.

3<sup>e</sup> RÈGLE. *Lorsque la nature d'un délit en rend la constatation difficile, la peine, dans la mesure qu'autorise la moralité du fait, doit être établie de telle sorte que ce*

---

(1) *Théorie des peines et des récompenses,* tome 1, p. 53.
(2) *Ut unius pœna metus sit multorum.*
(3) *Pœna constituitur in emendationem hominum.*

*qu'elle perd en intimidation par le défaut de certitude et de proximité se trouve compensé par son intensité, c'est-à-dire par la somme des maux qu'elle inflige.*

4ᵉ Règle. *Lorsque plusieurs délits peuvent concourir, le plus grave doit être réprimé par une peine plus forte, afin que le délinquant ait un motif pour s'arrêter au moindre.*

« C'est un grand mal, dit Montesquieu, de faire subir la même peine à celui qui vole sur un grand chemin et à celui qui vole et assassine. Il est visible que, pour la sûreté publique, il faudrait mettre quelque différence dans la peine. — A la Chine, les voleurs cruels sont coupés en morceaux ; les autres, non ; cette différence fait qu'on y vole, mais qu'on n'y assassine pas. — En Moscovie, où la peine des voleurs et celle des assassins sont les mêmes, on assassine toujours. Les morts, y dit-on, ne racontent rien. — Quand il n'y a point de différence dans la peine, il faut en mettre dans l'espérance de la grâce. — En Angleterre on n'assassine point, parce que les voleurs peuvent espérer d'être transportés dans les colonies, non pas les assassins. » *Esprit des Lois*, liv. VI, ch. 16.

5ᵉ Règle. *La même peine ne doit pas être infligée pour le même délit à tous les délinquants. Il convient de tenir compte des circonstances d'âge, de sexe, de maladie, de position, qui peuvent influer sur la sensibilité, afin d'obtenir, à la place d'une égalité purement nominale, une égalité de douleur et d'intimidation.*

Condamnez à une amende de cent francs un homme riche qui ne consomme pas tous ses revenus ; cette peine ne l'atteindra pas et n'aura, à son égard, qu'une puissance bien faible d'intimidation. Frappez de la même peine un père de famille, qui n'a en revenu que le strict nécessaire, vous lui infligerez de dures privations et

des maux nombreux que sa femme et ses enfants auront à partager. La peine de l'emprisonnement a une
puissance d'intimidation très grande à l'égard de certaines personnes et presque nulle à l'égard de certaines autres, lors surtout qu'elle ne doit avoir qu'une
courte durée.

## HISTOIRE DU DROIT CRIMINEL.

### Notice Bibliographique.

AYRAULT (Pierre), l'*Ordre*, *Formalité et Instruction judiciaire*
*dont les Grecs et les Romains ont usé ès-accusations publiques*,
*conféré au styl et usage de nostre France*; Lyon, 1642, in-4°. ═
DUPIN, *Discours prononcé à l'audience de rentrée de la cour de
cassation, du 3 novembre* 1847. ═ GEIB (Gustave), *Geschichte des
rœmischen criminal processes bis zum tode Justinian's* (histoire
de la Procédure criminelle des Romains jusqu'à la mort de Justinien),
Leipsig, 1842, 1 vol. in-8°. ═ GIRAUD (Charles), *Essai sur l'Histoire
du Droit français au moyen âge*, 2 vol. in-8°; Paris, 1845. ═
HÉLIE (Faustin), *Théorie de la Procédure criminelle*, 1er volume,
contenant l'introduction historique, in-8°; Paris, 1845. ═ INVERNIZI,
*de Publicis et criminalibus judiciis libri tres*, nouvelle édition, publiée récemment à Leipsig, in-8°. ═ LAFERRIÈRE, *Histoire du Droit
civil de Rome et du Droit français*, 3 vol. in-8°; Paris, 1846. ═
MEYER, *Esprit, Origine et Progrès des Institutions judiciaires des
principaux pays de l'Europe*, 2e édit.; Paris, 1829, 5 vol in-8°. ═
PARDESSUS, *Loi salique*, avec des notes et des dissertations, in-4°;
Paris, 1843. ═ WALTER, *Corpus juris Germanici antiqui*, 3 vol.
in-8°; Berlin, 1824.

DIVISIONS ET SOMMAIRES.

§ 1er.

*Antiquité.*

## I.

### Droit criminel des Athéniens.

Droit d'accuser exercé par les citoyens. — Publicité des Procédures. — Participation des citoyens aux jugements criminels. = Aréopage. — Tribunal des Ephètes. — Tribunal des Héliastes (1).

## II.

### Droit criminel des Romains.

MONARCHIE. — Le pouvoir judiciaire est exercé par le Roi, par le Sénat. = Appel au peuple. = Délégations; Duumvirs. = Procès du jeune Horace.

RÉPUBLIQUE. — Les consuls investis d'une partie des pouvoirs de la royauté exercèrent-ils dans les premiers temps, le pouvoir judiciaire? = Procès des fils de Brutus et des jeunes Romains qui avaient conspiré en faveur des Tarquins. = Lois *Valeria*. — Appel au peuple des jugements rendus par les magistrats. — Ori-

---

(1) Voir dans la *Revue de Législation et de Jurisprudence*, *année* 1844 (tome xx), p. 129 et 289, un travail de M. Jules CAUVET, professeur suppléant à la faculté de Caen, qui a pour titre : *De l'organisation judiciaire chez les Athéniens.*

gine des *quæstiones.*══Procédure suivie pour les *judicia publica.*— Fonctions du préteur. — Ce qu'était le *judex quæstionis.* — Comment les citoyens exerçaient le Droit d'accuser. — De la *postulatio.* — De la *nominis delatio.* —De la *receptio nominis.* — De l'instruction préparatoire. — Du jugement — Composition du tribunal présidé par le Préteur ou par le Judex quæstionis. — Liste annuelle des juges jurés (*ordo judiciorum*). — Tirage au sort des juges jurés (*sortitio, subsortitio ; editio.*) — Récusations; principe rappelé par Cicéron dans son plaidoyer *pro Cluentio* : « Neminem voluerunt majores nostri, non modò de existimatione cujusquam, sed pecuniaria quidem de re minima esse judicem, nisi qui inter adversarios convenerit. » — Serment des juges jurés. — Ouverture des débats. — Plaidoiries. — Preuves: Ecrits (*tabulæ*), témoins (*testes*), tortures (*quæstiones*) (1), amis de l'accusé (*laudatores*). — Nouveaux débats, *comperendinatio.*══ Clôture des débats — Vote secret des juges jurés (*judices missi in consilium*). — Dépouillement du scrutin et jugement prononcé par le préteur. — Absolution. — Plus amplement informé (*non liquet*). — Condamnation. Peine fixe déterminée par la loi. — Comparer les *judicia publica* des Romains avec les jugements par les jurés des temps actuels. ══ Appréciation des institutions judiciaires des Romains. — Elles offrent, dans les premiers temps de la République, une empreinte profonde de l'esprit aristocratique; elles sont plus tard viciées par une dégoûtante corruption.

Empire. — Les modifications que subit l'organisation politique, entraînent des changements dans l'exercice

_____

(1) Voir sur la torture le Tit. 18 du Liv. 48, Dig. *de quæstionibus.*

du pouvoir judiciaire. — Les accusations de lèze-majesté sont portées devant le sénat. — Les préteurs éprouvent des difficultés pour organiser les *judicia publica* ; ils statuent sans l'assistance des juges jurés (*cognitiones extraordinariæ*). — Extension des *judicia extraordinaria*. — Magistrature du préfet de la ville, rivale de celle des préteurs (1). — L'empereur statue lui-même sur certaines affaires avec l'assistance d'un conseil. — Appel à l'empereur ; juridiction du préfet du prétoire. = Les *judicia extraordinaria* qui n'étaient qu'exceptionnels, constituent le droit commun. Les *judicia publica* sont définitivement abolis sous Dioclétien ; les citoyens ne participent plus aux jugements. Il en résulte que les lois organisatrices des *judicia publica* ne sont plus en vigueur que pour leurs dispositions pénales. « Ordo exercendorum publicorum capitalium in usu esse desiit, durante tamen pæna legum, cum extra ordinem crimina probantur. » PAUL, frag. 8, Dig. *de publicis judiciis.*

## § II

*Droit criminel des anciennes nations germaniques.*

Loi Salique. — Loi des Francs Ripuaires. — Exercice de la vengeance personnelle ; guerres privées. — Soli-

---

(1) « Omnia omnino crimina præfectura Urbis sibi vindicavit : nec tantum ea, quæ intra urbem admittuntur, verum ea quoque quæ extra urbem (intra Italiam) epistola divi Severi ad Fabium Cilonem præfectum urbi missa declaratur. ULPIEN. frag. 1, Dig. *de officio Præfecti urbi.*

darité active et passive des membres de la famille Franque (1). = Un émissaire de la famille offensée porte au coupable la *fehde* ou déclaration de guerre (2). — La puissance sociale n'intervient, en matière de crimes ordinaires, que pour protéger le coupable contre les excès de la vengeance privée et pour rétablir la paix entre les deux familles au moyen d'une composition. Du *Wergheld* (*Wer* homme, *Gheld* valeur; la valeur d'un homme). Sa quotité est établie par la coutume. Du *fred* ou amende revenant à la puissance sociale (3). (*Fhrede*, paix). Le Franc qui ne peut pas payer la composition, abandonne ses biens à ses parents, qui l'acquittent pour lui. Formalités de la cession de biens (*chrenechruda*) (4).

ORGANISATION DU POUVOIR JUDICIAIRE. — PROCÉDURE DES BARBARES. *Malh*, *Malh-Berg* (*Malh*, parole; *Berg*, montagne), assemblée des hommes libres, des *Rachimbourgs*, tenue en plein air sur un lieu élevé. — Assemblée des juges permanents, des *Scabini*. — Ces assemblées sont présidées par le comte (*Grafio, comes*). — Citation (*Man-*

---

(1) Le passage suivant de TACITE atteste l'antiquité des usages des Francs sur ce point : « Suscipere tam inimicitias seu patris seu propinqui quam amicitias necesse est ; nec implacabiles durant. Luitúr enim etiam homicidium armentorum ac pecorum numero recipitque satisfactionem universa domus. » GERM., 21.

(2) « Chez les Germains, dit M. MIGNET dans ses Mémoires historiques, ce que nous appelons crime était un simple fait de guerre qui se terminait par un traité pécuniaire entre les deux parentés intéressées. Le caractère moral de l'action n'existait pas ; dès que la parenté mécontente était satisfaite et la paix rétablie, les traces étaient effacées. Les actions répréhensibles ne relevaient pas encore de la morale et du droit, mais de la passion et de la force. » Tome II, p. 120.

(3) « Equorum pecorumque numero convicti mulctantur; pars mulctæ regi vel civitati, pars ipsi qui vindicatur, vel propinquis ejus, exsolvitur. » TACIT. GERM., 12.

(4) V. PARDESSUS, *Loi Salique*, tit. 61, p. 258.

*nitio*). Elle est donnée verbalement avec le concours d'un certain nombre de témoins, et le délai pour comparaître est déterminé par des nuits (1). — Comparution des parties ; procédure accusatoriale avec publicité des débats. = Preuves. — Aveu, — témoignages, — serment (*purgatio canonica*), — co-jureurs (*conjuratores*). — *Ordalies* ou épreuves judiciaires (*urtheil*, jugement). — Duel judiciaire (2). — Torture subie par les esclaves accusés de crimes graves. = Du cas où l'ajourné fait défaut ; réassignations successives. — Jugement. = Le défaillant qui ne comparaît pas et le condamné qui n'exécute pas le jugement, est mis hors la loi (*extra sermonem regis*) ; sa femme et ses enfants doivent lui refuser des aliments ; celui qui le rencontre peut lui donner impunément la mort (3).

(1) Voir l'explication de cet usage des nations barbares de compter les délais légaux par nuits, dans LEHUEROU, *des institutions Mérovingiennes et Carolingiennes*, tom. 2, p. 376.

(2) Il en est question dans la Loi des Francs Ripuaires, au tit. 61, art. 5 et 6.

(3) Voici, au sujet de cette mise hors de la loi, une fiction remarquable par sa singularité, qu'on trouve consacrée dans les coutumes des Anglo-Saxons et qui a été observée en Angleterre. Celui qui ne comparaît pas en justice après des mises en demeure et des délais réitérés, est déclaré UTLAGE (*exlagatus*, hors de la protection de la loi). Le juge qui constate sa contumace est censé lui placer sur les épaules une tête de loup. Ses biens sont confisqués, et celui qui le tue porte sa tête au chef-lieu du comté et lève sur les habitants la somme attribuée par l'usage pour celle d'un loup. « UTLAGATUS et VAIVIATA, capita gerunt lupina, dit l'auteur du *Fleta* (lib. 2, cap. 27), quæ ab omnibus possunt impune amputari ; merito enim sine lege perire debent qui secundùm legem vivere recusant. » On trouve des documents sur cette mise hors la loi dans le Glossaire de DUCANGE, aux mots *Caput lupinum gerere*. Il en est question dans les Instituts de LITLETON, jurisconsulte anglais du XVe siècle, qui ont été publiées en France par HOUARD (*Anciennes lois françaises*, tome 1, p. 275). M. DUMONT rapporte dans sa Théorie

## § III.

*Droit criminel de la féodalité et des tribunaux ecclésias-tiques.*

### I.

#### Droit criminel de la Féodalité.

Origine de la féodalité (*fhée*, récompense; *old*, terre. La terre de la récompense). — Elle repose sur une convention.— Comment les bénéfices d'abord temporaires, puis viagers, devinrent des fiefs héréditaires ? — C'est sous la féodalité que la puissance sociale s'organise et s'investit du droit d'infliger des peines pour le maintien de l'ordre et dans un but d'intérêt général. = Organisation de la justice féodale. — Cour des barons, présidée par le suzerain. — Cour des bourgeois, présidée par le vicomte ou ses délégués. — Institutions municipales. = Des justices justicières ou seigneuriales. Leur origine. — Elles sont patrimoniales (1). — Hautes, basses et moyennes justices. — Sens et origine de la maxime :

---

des peines et des récompenses de Bentham, une anecdote curieuse qui atteste que ces coutumes Anglo-Saxonnes ont été appliquées en Angleterre dans les temps modernes. V. J. BENTHAM, *Théorie des Peines et des Récompenses*, tome II, p. 408.

(1) « C'est-à-dire que les seigneurs ont le domaine et la propriété de leurs justices, dit LAURIÈRE dans ses notes sur les *Institutes Coutumières* de LOYSEL, liv. II, tit. II, § 42. D'où il suit qu'elles peuvent être vendues, et qu'elles sont héréditaires comme les autres biens. »

*fief et justice n'ont rien de commun* (1). — Distinction entre le *droit de justice* dont est investi le suzerain ou seigneur qui préside ou fait présider sa cour, et le *droit de juger* qui est exercé par les vassaux. — Jugement des hommes libres par leurs pairs. — Jurés, bons hommes, hommes jugeant (2).

La poursuite des affaires criminelles a lieu par voie d'accusation et quelquefois par voie de simple dénonciation (3). — Publicité des débats. — Instruc-

---

(1) BACQUET constate ainsi ce principe dans son *Traité des Justices,* chap. VI, n. 4 : « Le seigneur féodal ne peut pas s'attribuer droict de justice en son fief, parce qu'en France fief et justice n'ont rien de commun ensemble : ains sont droicts divers, distincts et séparez, et par le moyen de l'un on ne peut s'attribuer l'autre. Car tel a droict de justice en un lieu, qui n'a aucune féodalité ne censive au dit lieu. Au contraire tel a droict de féodalité et de censive, qui n'a aucune justice. »

(2) Il est encore question dans l'ordonnance de Blois, rendue par Louis XII en l'année 1498, du concours des simples citoyens pour l'administration de la justice. L'art. 94 de cette ordonnance prescrit aux baillis, sénéchaux et juges royaux de n'infliger la peine de mort et autres châtiments corporels aux vagabonds qu'avec le concours « de six ou quatre, pour le moins, des conseillers ou praticiens de leur auditoire non suspects ne favorables... sans déroger toutes foyes aux coûtumes, usages et droicts observez en plusieurs lieux particuliers de nostre royaume, où on a accoustumé de juger lesdits criminels en assistance, par hommes jugeans, ou autres notables en compétent nombre. » (ISAMBERT, *Recueil des anciennes lois françaises,* tom. XI, p. 361.)

(3). Philippe DE BEAUMANOIR jurisconsulte français du XIIIe siècle, s'exprime ainsi sur ce point dans le chapitre VI de ses coutumes du Beauvoisis, où il est question *des Demandes* : « Autres demandes poent » estre fetes, les quelles sont plus perilleuses que celes que noz avons » dites dessus ; che sont les demandes qui sont fetes par cas de crieme. » Et de ces demandes sont il plusors, et poent estre fetes en deus manie- » res. L'une, par fere droite demande, comme accuseur contre celi à » qui on met sus le cas de crieme. Et d'iceles demandes se convient il » fere partie et dire en icele maniere : SIRE, VÉES LA JEHAN QUI A FET » TEL MURDRE OU TELE TRAYSON OU TEL HOMICIDE OU TEL RAT OU TEL » ARSON OU TELE ROBERIE, et doit nommer le cas de quoi il accuse et » offrir à prouver, s'il li est nié de partie, et requerre que droite justice

tion orale. — Preuve par gage de bataille (combat judiciaire). Quand ce mode de preuve est-il admis en
matière de délits? — Il peut avoir lieu entre les parties,
entre la partie et les témoins produits contre elle, entre
la partie et les juges. ═ Appel. — Ses caractères spéciaux sous la féodalité. — Appel pour *refus de Droit.* ═
Pénalité. — Elle variait dans chaque justice. — La sévérité des peines était souvent tempérée par la faculté de
substituer aux châtiments corporels de simples amendes.

Critique dont les institutions féodales ont été l'objet
au XVIe siècle dans les écrits du jurisconsulte *Charles*
Loyseau, notamment dans son spirituel *discours sur
les justices de village.* Tableau encore plus sombre de
ces institutions tracé par M. Championnière dans son
savant livre sur la propriété des eaux courantes (1). —
Observations et appréciation des âges féodaux.

## II.

### Droit criminel de l'Eglise.

Origine des juridictions ecclésiastiques. — Les

---

» en soit fete. L'autre voie qui est fete de denonciation, si est d'autre
» maniere. Car cil qui dénonce, il ne convient pas qu'il se face droite-
» ment partie, anchois pot dire en ceste maniere : sire, je vos denonce
» que jehans a fait tel fet qui apartient a voz a vengier,
» come a bone justice ; et est li fes si clers et si notoires ,
» qu'il ne convient pas que nus s'en face droitement partie
» contre li. Et doit dire comment li fes est clers ; si come s'il li
» fut fes devant grant plenté de bones gens, ou s'il se venta qu'il le
» feroit, ou en aucune autre maniere par quoi il apere que li fes soit
» clers. Car tel fet, qui sont si apert, doivent etre vengié par l'office au
» juge, tout soit ce que nus ne s'en face partie droitement. » Tome Ier,
p. 105 de l'édition publiée d'après les manuscrits de la bibliothèque
nationale par M. Beugnot.

(1) Chap. IX, § 2, *Des abus seigneuriaux,* p. 465.

Evêques primitivement investis du Droit de juger les infractions à la discipline ecclésiastique et les délits communs commis par les clercs, étendent leur juridiction, empiètent sur la justice féodale et parviennent à s'investir, au sein des sociétés laïques, du pouvoir judiciaire. — Extension de la compétence *réelle* en envisageant les délits sous le point de vue religieux. — Extention de la compétence *personnelle* en étendant à un personnel nombreux le titre de *clerc* et en assimilant aux clercs des classes nombreuses d'individus. — Avantages qu'offraient au peuple les juridictions ecclésiastiques. — Les papes font publier un corps de Lois (corpus juris canonici). — L'étude du Droit canonique tend à remplacer celle du Droit Romain. — Bulle du pape Honoré III, de l'année 1220, qui défend d'enseigner le Droit romain en France.

Comment s'introduisit sous le pape Innocent III, la procédure secrète par voie d'enquête écrite, dite *Procédure inquisitoriale*. — Constitution du pape Boniface VIII, qui l'autorise pour les procès contre les hérétiques, lorsque la publicité pourrait exposer les accusateurs et les accusés à des dangers. — Clément V et Jean XXII l'étendent aux délits communs. — Elle est généralement employée, à partir du XIVe siècle, dans les juridictions ecclésiastiques, d'où elle passe dans les tribunaux séculiers.

DROIT PÉNAL DE L'ÉGLISE. — Il possède dans la privation des biens spirituels, une ample matière pour les peines. — Il revêt un caractère pénitentiaire et il inflige l'emprisonnement solitaire. — Il n'admet ni la peine de mort, ni les mutilations. — Il proclame pour maxime : *Ecclesia abhorret sanguinem..... gladium non habet nisi spiritualem qui non occidit sed vivificat.* — Ce que se propose l'Église, c'est l'expiation du crime par le repentir et l'amélioration morale du coupable. — Elle n'a des rigueurs que pour le crime d'hérésie. — L'hérétique, étant en dehors de la société catholique, est livré au bras séculier qui lui inflige la peine de mort. — Lorsqu'un accusé est convaincu d'un crime atroce, l'église, pour ne pas verser elle-même le sang, et pour concilier ses principes avec le besoin d'une forte répression, constate le fait et renvoie le coupable devant le juge séculier pour l'application de la peine. — Le droit pénal de l'Eglise est formulé dans les *Pénitentiels*, qui énumèrent comme nos codes, avec beaucoup de détails, les faits punissables, et qui déterminent les peines qui sont encourues pour chacun d'eux (1).

## § 4.

### Droit criminel du pouvoir royal.

A partir du xiiie siècle, le gouvernement fédératif qu'offre en France la féodalité se transforme en monarchie pure. La royauté grandit et tend à établir l'unité du territoire, l'unité du pouvoir, l'unité de la législation. Les rois s'entourent de la nation, protègent le peuple, répriment les abus et s'efforcent de restreindre, dans des limites de plus en plus étroites, les pouvoirs des barons féodaux et de la puissance ecclésiastique.— Les

---

(1) C'est ce qu'on voit en parcourant l'ancien Pénitentiel romain *(Antiquus penitentialis romanus)*, publié par J. MORIN, à la suite du *Commentarius historicus de disciplina in administratione pœnitentiæ*, Paris, 1650, in-folio.

légistes secondent les efforts de la royauté. Ils distin-
guent deux puissances : la puissance spirituelle et la
puissance temporelle.— Pragmatique sanction de Saint-
Louis (1269). — Querelle entre Philippe IV, dit *le Bel*,
et Boniface VIII.— Etats généraux (1302).— La royauté
s'investit du pouvoir législatif.— On voit apparaître en
tête des ordonnances cette formule nouvelle : « En vertu
de la plénitude de notre autorité royale » (1).— Ordonnances rendues avec le concours des états généraux.
— Ordonnances émanant du plein pouvoir royal.— Les
légistes établissent la maxime : « Si veut la loi, si
veut le roi » (2).

La royauté s'investit du pouvoir judiciaire. — Lutte
avec les institutions féodales. — Abolition du combat
judiciaire. — Etablissement des justices royales et du
parlement. — Philippe-le-Bel rend le parlement séden-
taire (1302). — Extension des attributions des justices
royales aux dépens de celles des seigneurs, au moyen de
l'appel, des cas royaux, des cas privilégiés, des pour-
suites par prévention.— Les pairs féodaux, les bourgeois
jurés, les bons hommes sont remplacés, dans les tribunaux, par des assesseurs légistes, par des conseillers.

---

(1) *Art de vérifier les Dates*, p. 551, de l'édit de 1770.

(2) « Quod principi placuit, legis habet vigorem » (ULPIEN, *frag.* 1,
*Dig. de const. princip.*)

*Philippe de* BEAUMANOIR écrivait dans la seconde moitié du XIIIᵉ
siècle : « Voirs est que li rois est sovrains par desor tout, et a de son
droist, le général garde de son royaume, par quoi il pot fere tex
établissement come il li plest por le commun porfit, et ce qu'il esta-
blit doit estre tenu.... car ce qui li plest a fere doit estre tenu por
loi.» (*Coutumes du Beauvoisin*, ch. 34 et ch. 35, tome II, p. 22 et
57 de l'édition publiée par M. Beugnot). — Assurément les grands
vassaux n'adoptaient pas à cette époque ces maximes, mais leur insertion dans les écrits d'un juriste tel que Beaumanoir, atteste les profonds changements que subissait en France la constitution politique.

Les simples particuliers cessent de participer à l'administration de la justice.

Lutte entre les justices royales et les justices ecclésiastiques. — Les juges séculiers prétendent réviser les sentences des juges d'église avant de prêter leur concours pour les faire exécuter. Plaintes des évêques à Saint-Louis sur ce point. Réponse remarquable de ce monarque (1). — Nombreux conflits d'attributions entre

---

(1) « Je vy une journée, dit JOINVILLE, que tous les prélats de France se trouvèrent à Paris, pour parler au bon saint LOŸS, et lui faire une requeste, et quant il le sceut, il se rendit au palais, pour là les oïr de ce qu'ilz voulaient dire. Et quant tous furent assemblez, ce fut l'évêque Guy d'Ausseure, qui fut fils de Monseigneur Guilleaume de Melot, qui commença à dire au roi, par le congié et commun assentiment de tous les ' autres prélatz : « SIRE, sachez que tous ces » Prélatz, qui cy sont en votre présence, me font dire que vous » lessez perdre toute la Chrestienneté, et qu'elle se perd entre vos » mains. Adonc le bon Roy se signe de la croix et dit : Evesque, or » mé dites comment il se fait, et par quelle raison. SIRE, fit l'Evesque, » c'est parce qu'on ne tient plus compte des excommunies. Car au- » jourd'hui un homme aymerait mieux mourir tout excommunié, que » de se faire absoudre, et ne veult nully faire satisfaction à l'Eglise. » Pourtant, SIRE, ilz vous requièrent tous à une voiz pour Dieu, et » pour qu'ainsi le devez faire, qu'il vous plaise commander à tous » vos Ballifz, Prevost, et autres, administrateurs de justice, que où » il sera trouvé aucun en vostre royaume, qui aura esté an et jour » continuellement excommunié, qu'ilz le contraignent à se faire » absoudre par la prinse de ses biens. » Et le saint homme respondit, que très volontiers le commanderait faire de ceulx qu'on trouveroit estre torçonniers à l'Eglise, et à son presme. Et l'Evesque dist, qu'il ne leur appartenait à congnaistre de leurs causes. Et à ce respondit le Roy, qu'il ne le feroit autrement. Et disait, que ce serait contre Dieu et raison, qu'il fist contraindre à soy faire absoudre ceulx à qui les clercs feroient tort, et qu'ils ne fussent oïz en leur bon droit. Et de ce leur donna exemple du conte de Bretaigne tout excommunié, et finalement à si bien conduite et menée sa cause, que nostre saint Père le Pape les a condampnez envers icelui conte de Bretaigne. Pourquoi disait, que si dès la première année il eust voulu contraindre icelui conte de Bretaigne à soy, faire absouldre, il lui eus convenu laisser à

les justices séculières et les justices ecclésiastiques. A qui appartiendra-t-il de les vider? — Vifs débats sur ce point si important. — Le parlement s'investit du droit de statuer sur la compétence. — *Appel comme d'abus.* — Les cours d'église voient leurs attributions peu à peu ramenées dans les limites naturelles des affaires purement spirituelles et de discipline clćricale (1).

ORGANISATION JUDICIAIRE antérieure à 1789. — Juges *séculiers* : — institués par le roi, juges royaux ; — institués par les seigneurs, juges des seigneurs. — Juges *ecclésiastiques* : officialités organisées par les évêques. = Tribunaux *ordinaires* : 1 baillages et sénéchaussées ; 2 justices seigneuriales ; 3 prévôtés des châtellenies royales ; 4 présidiaux ; 5 parlements. = *Tribunaux d'exception.* 1 Officialités métropolitaines et diocésaines (tribunaux ecclésiastiques) ; 2 prévôt des maréchaux ; 3 grand conseil ; 4 chambre des comptes ; 5 cours des aydes ; 6 cour des monnaies ; 7 juges des eaux et forêts ; 8 juges de l'amirauté ; 9 conseils de guerre ; 10 commissions extraordinaires ; etc. , etc. = Du ministère public. — Origine de cette institution. — Elle n'existait pas encore au XIII<sup>e</sup> siècle. — Elle se rattache aux changements que l'extension du pouvoir royal introduisit dans l'organisation politique. — Primiti-

---

iceux Prelatz contre raison ce qu'ilz lui demandaient outre son vouloir : et que en ce faisant il eust grandement meffait envers Dieu et envers le dit conte de Bretaigne. Après lesquelles choses ouyes pour tous iceulz Prelatz , il leur suffit de la bonne response du Roy , et onques puis ne ouy parler qu'il fut fait demande de telles choses. » ( *Histoire de Saint-Loys* , 1<sup>re</sup> part., p. 25 et 26 de l'édit. de Claude Menard).

(1) Voir sur ce point des détails piquants et intéressants, dans le chapitre XV, du *Traité des Seigneuries* de CHARLES LOYSEAU.

vement les procureurs qui représentaient le roi
devant les tribunaux, n'agissaient que dans un intérêt
privé. — Ils agirent plus tard dans l'intérêt de la société, et ils se trouvèrent alors investis d'une véritable
magistrature (1). — Au XVᵉ siècle le roi avait ses
*procureurs* et ses *avocats* près les parlements et près ses
autres justices ; les seigneurs avaient des *procureurs
fiscaux*, et les évêques eux-mêmes établirent des *pro-
moteurs* dans leurs officialités. — Avec la procédure
inquisitoriale le rôle du ministère public n'avait qu'une
importance moindre dans les affaires criminelles.

PROCÉDURE CRIMINELLE. —La procédure, d'abord contradictoire et avec publicité des débats, est remplacée
par la procédure secrète et écrite, dite *inquisitoriale*, que
les tribunaux séculiers empruntent aux justices ecclésiastiques. — Cette procédure est consacrée et règle-
mentée sous Louis XII, par l'ordonnance de Blois, du
mois de mars 1498 (art. 110 à 121) (2). Elle est de
nouveau organisée sous François Iᵉʳ, par l'ordonnance
de Villers-Cotterêt, du mois d'août 1539, œuvre du
chancelier Poyet (art. 139 à 165) (3). — Elle reçoit sa
dernière formule sous Louis XIV, dans l'ordonnance de
1670, œuvre du conseiller d'état Pussort, oncle du ministre Colbert (4). Cette ordonnance est complétée sous

(1) Voir sur ce point M. HÉLIE, *De l'Instruction criminelle*,
tome 1ᵉʳ, p. 459.

(2) Voir cette ordonnance dans le *Recueil des anciennes lois françaises* publié par MM. ISAMBERT, DECRUSY et ARMET, tome XI,
p. 365.

(3) *Recueil des anciennes lois françaises*, tome XII, p. 139.

(4) JOUSSE, conseiller au présidial d'Orléans et habile criminaliste,
a publié cette ordonnance avec un excellent commentaire en 2 volumes in-12.

Louis XV, par la déclaration du 5 février 1731, concernant les cas royaux et présidiaux, et par l'ordonnance du mois de juillet 1737, sur le faux principal et
incident.

*Marche de la procédure consacrée par l'ordonnance
criminelle de 1670.* Dénonciation, plainte, poursuite
d'office (1). — Procès-verbaux des juges (2), rapports
des experts (3). — Information. Audition des témoins
ouïs secrètement et séparément par le juge assisté d'un
greffier (procès-verbaux d'enquête) (4). — Monitoires
(5). — Communication de l'information aux gens du
roi ou au procurenr fiscal du seigneur; conclusions
écrites. — Décrets d'assigner pour être ouï, d'ajournement personnel, de prise de corps (6). — Interrogatoires. — L'accusé prête serment de dire la vérité. Il
comparaît seul devant le juge, et il ne peut obtenir un
conseil que dans certains cas exceptionnels (7). — Communication des interrogatoires aux procureurs du roi
ou des seigneurs, pour avoir leurs conclusions, et à la
partie civile (8). = Règlement de la compétence. —
Si le fait n'est pas grave, le procès criminel est converti
en procès civil pour être instruit suivant les formes ordinaires. — Si le fait mérite une peine afflictive ou in-
famante, il est ordonné que le procès sera *réglé à l'extraordinaire.* — Récolement des témoins et confronta-

---

(1) Voir le titre III, *Des Plaintes, Dénonciations et Accusations.*
(2) Voir le titre IV, *Des Procès-Verbaux des juges.*
(3) Voir le titre V, *Des Rapports des médecins et chirurgiens.*
(4) Voir le titre VI, *Des Informations.*
(5) Voir le titre VII, *Des monitoires.*
(6) Voir le titre X, *Des Décrets, de leur exécution et des élargis-
sements.*
(7) Voir le titre XIV, *Des Interrogatoires des accusés.*
(8) Même titre, art. 17 et 18.

tion (1). — Conclusions définitives du procureur du roi
òu du seigneur ; requête en conclusions de la partie
civile ; réponse de l'accusé ( requête en atténuation)(2).
= Jugement. — Composition du tribunal (3). — Rapport fait par l'un des juges. — On statue sur les repro-
ches des témoins. — Comparution de l'accusé devant
les juges. Dernier interrogatoire subi sur la sellette,
s'il y a conclusions à une peine afflictive; debout, der-
rière la barre, dans les autres cas. — Examen du procès. Annulation de la procédure si la loi a été violée (4).
— Cas où l'accusé allègue des faits justificatifs; la preuve
par témoins en est ordonnée s'ils sont concluants (5). =
Examen du fond. — Système des preuves légales. C'est
la loi et non le juge qui fait le jugement (6). — Condamnation. Le jugement est notifié à l'accusé par la lecture
qui lui en est faite, et exécuté le jour où il a été prononcé
s'il est en dernier ressort (7). — Absolution. L'accusé
est mis hors de cause, lorsque son innocence n'est pas
pleinement justifiée; dans le cas contraire, il est con-
gédié de la plainte ou déchargé de l'accusation ; la partie civile est alors condamnée aux dépens et à des dom-

(1) Voir le titre XV, *Des Récolements et Confrontations des témoins*.
(2) Voir titre XXIII , art. 3 , et le titre XXIV , *Des Conclusions définitives de nos procureurs , ou de ceux des justices seigneuriales*.
(3) Voir titre XXV , *Des Sentences, Jugements et Arrêts* , art. 10 et 11.
(4) « Laissons au devoir et à la religion des juges d'examiner avant le jugement, s'il n'y a point de nullité dans la procédure. » Art. 4 du titre XIV de l'Ordonnance.
(5) Titre XXVIII , *Des faits justificatifs*.
(6) « Nec enim à judice exigitur ut sententiam de crimine dicat, verum ut sententiam legislatoris applicet. » KRESII, *comment. in Carolinam* , V, 2. — Voir sur ce point le *Traité des Preuves en droit civil et en droit criminel*, de M. BONNIER, pag. 249. — Voir aussi M. HÉLIE , *De l'Instruction criminelle*, t. 1, page 648.
(7) Ordonnance , titre XXV , art. 21.

3

mages. — Plus amplement informé, avec délai ou indéfini = De la Torture, question. — Cas dans lesquels elle peut être ordonnée. — Question *préparatoire*, sans réserve de preuves ou avec réserve de preuves. — Question *préalable*. — Question *ordinaire* et *extraordinaire*. — Où et comment la question était subie ? — Pouvait-elle être réitérée ? (1)

PÉNALITÉ. Les délits sont considérés comme des faits de rébellion envers l'autorité du monarque ; ils sont réprimés par des peines très sévères. — Deux ordres de coupables subissent les atteintes de la justice : ceux qui attentent aux droits des particuliers, ceux qui attentent aux pouvoirs du souverain. Les premiers sont livrés à la justice ordinaire, qui a pour mission de maintenir la paix entre les sujets. Les seconds, s'étant mis

---

(1) Voir le titre XIX, *Des Jugements et Procès-Verbaux de question et torture.* — Voici ce qu'on lit au sujet de la torture dans le *Procès-Verbal des conférences tenues pour l'examen de l'ordonnance criminelle de 1670* : « M. le Premier Président (de Lamoignon) a dit qu'il serait à souhaiter que la manière de donner la Question fût uniforme dans tout le royaume, parce qu'en certains endroits on la donne si rudement, que celui qui la souffre est mis hors d'état de pouvoir travailler, et en demeure souvent estropié pour le reste de ses jours Que cependant la Question n'est pas ordonnée comme une peine, et ne rend pas infame celui qui y est appliqué ; que nous avons reçu cette belle maxime des Romains : *Apud tyrannos tormenta pro pœna adhibentur, apud vos soli questioni temperantur.* — M. Pussort a dit qu'il était difficile de rendre la Question uniforme ; que la description qu'il en faudrait faire serait indécente dans une ordonnance ; mais qu'il est sous-entendu dans l'article, que les juges prendront garde, lorsqu'ils la feront donner, que les condamnés n'en demeurent pas estropiés ; qu'au surplus, *la Question préparatoire lui avait toujours semblé inutile*, et que si l'on voulait ôter la prévention d'un usage ancien, l'on trouverait *qu'il est rare qu'elle ait tiré la vérité de la bouche d'un condamné.* — M. le premier président a dit qu'il voyait de grandes raisons de l'ôter, mais qu'il n'avait que son sentiment particulier. — *Cette dernière ouverture est demeurée sans effet.* (Procès-verbal, page 224).

en état de rébellion directe contre le pouvoir, sont traités en ennemis. Le glaive de la loi les frappe dès que le soupçon les atteint, et le monarque les fait juger par des commissions qui s'inspirèrent trop souvent de sa pensée pour prononcer leurs arrêts (1).

Il n'existe aucun corps de lois pénales. On distingue cependant les peines *légales*, établies par les ordonnances pour certains délits, les peines établies par *l'usage*, et les peines *arbitraires* que la prudence du juge approprie à chaque fait. — On divise les peines en peines *afflictives* infamantes ou non infamantes, en peines simplement *infamantes de droit* et en peines simplement *infamantes de fait*, en peines *pécuniaires* infamantes et non infamantes. Les peines habituellement appliquées sont cruelles et d'une sévérité exagérée (2). La mort

---

(1) *Dumoulin* faisait ressortir en termes énergiques, les garanties qu'offrait la justice ordinaire et les dangers des jugements rendus par les commissions : « Erecta sunt et certis sedibus fixa Parlamenta, ut subditi certa et ordinaria juridictione securius vivant, sub confidentia sincerioris justitiæ, tueanturque ab injuriis et periculis ignotorum judicum, et *extraordinariarum* quas vocant *commissionum, quæ periculosissimæ* sunt.» STYLUS PARLAMENTI, pars 3, tit. 1, § 6.

Etienne *Pasquier* rapporte au liv. VI, ch. 8 de ses *Recherches de la France*, que François Ier visitant un jour l'abbaye des Célestins de Montcoussy, s'arrêta devant le tombeau de Jean de Montaigu, grand maître sous Charles VI, que le duc de Bourgogne avait fait juger et condamner à mort, et dit qu'il fallait bien qu'il eût été mal jugé, puisqu'on avait ainsi honoré sa mémoire : « à quoi il y eut un moine qui répondit au Roy d'une parole assez brusque, qu'il s'abusait grandement, parce que le procès de M. de Montaigu n'avait pas été fait par juges, mais seulement par commissaires, comme s'il eût voulu inférer en son lourdois que tels commissaires déléguez à l'apétit d'un seigneur qui pouvait lors toutes choses, n'apportaient à leurs jugements la conscience des bons juges. »

(2) « Les peines qui sont en usage en France dans les tribunaux ordinaires de justice, dit *Jousse*, sont la peine du *feu*, la *roue*, la potence, la *tête tranchée*, la peine d'être *traîné sur la claie*, les *galères*

est prodiguée et fréquemment accompagnée de tour-
ments. Les mutilations, la marque avec un fer brûlant,
les châtiments corporels sont infligés journellement
par les tribunaux. Cette pénalité usitée dans presque
toute l'Europe, ne se trouvait plus en harmonie avec
la civilisation au XVIIIᵉ siècle.

Une réforme des lois criminelles est vivement récla-
mée à cette époque par les philosophes et par les publicistes. — Publication de l'Esprit des Lois de Montesquieu (1748). — Apparition du livre des Délits et des
peines, du marquis DE BECCARIA (1764). — Filangieri
publie à Naples la Science de la législation (1780, 1788).
— Ecrit remarquable de *Pierre* VERRI sur la Torture (1).
— VOLTAIRE commente le livre des Délits et des peines
de Beccaria. — L'avocat-général SERVAN s'élève contre
les rigueurs des lois criminelles et réclame des réformes,
dans un discours de rentrée, prononcé devant le parlement de Grenoble en 1766 (2). — Le président DUPATY
critique avec énergie la procédure inquisitoriale et le
système des preuves légales, dans un Mémoire qu'il
publie pour trois hommes condamnés à la roue (3).

---

à temps ou à perpétuité, le *bannissement* perpétuel ou à temps, le *poing
coupé*, la *lèvre coupée*, la *langue coupée* ou *percée d'un fer chaud*, le
*fouet*, la *flétrissure*, l'*amende honorable*, le *pilori*, le *carcan*, la *réclusion à temps* ou *à toujours en une maison de force*, le *blâme* et
l'*admonition*. » *Nouveau Commentaire sur l'ordonnance criminelle*
de 1670, tome 1ᵉʳ, p. XXXVI.

(1) *Osservazioni sulla tortura e singolarmente sugli effetti che pro-
dusse all'occasione delle unzioni malifiche, alle quali se attribuì la
pestilenza che devastò Milano l'anno* 1630. Ce livre intéressant a été
réimprimé et de nouveau édité à Paris en 1843, par le libraire Baudry.
1 petit vol. in-12. Le célèbre *Manzoni* y a puisé des scènes pleines
d'émotions pour son roman des Fiancés (*I promessi sposi*).

(2) On trouve ce discours dans le tome IX, p. 332 de la 1ʳᵉ série du
*Barreau français*, publié par MM. Clair et Clapier.

(3) *Barreau français*, 1ʳᵉ série, tome III, p. 77.

— Les souverains eux-mêmes adoptent des idées de réforme. En Russie, Catherine II encourage les philosophes et rédige des instructions pour la rédaction d'un
Code Criminel. En Allemagne, Joseph II introduit de
profondes innovations. En Toscane, le grand duc Léo-
pold supprime la peine de mort. — Louis XVI n'aborde
en France les réformes qu'avec timidité. — Il abolit la
question préparatoire par une déclaration du 24 août
1780 et la question préalable par une autre déclaration du 1er mai 1788 contenant quelques autres dispositions importantes.

§ 5.

*Droit criminel intermédiaire.*

### I.

**Assemblée Nationale Constituante.**

(17 juin 1789. — 30 septembre 1791).

Les cahiers des états généraux demandent unanime-
ment la réforme des lois criminelles. = Décret du 8
octobre 1789, qui modifie provisoirement, sur plusieurs points, la procédure consacrée par l'ordonnance de 1670. — Il accorde un conseil aux accusés.
— Il introduit dans la procédure par voie d'enquête
écrite, la défense contradictoire et la publicité de
l'instruction, du rapport et du jugement (1).

_____

(1) On trouvera, à leur date, tous les actes législatifs que nous ci-

ORGANISATION JUDICIAIRE. — L'Assemblée constituante s'occupe d'une organisation nouvelle du pouvoir judiciaire et de la suppression des parlements ainsi que des anciens tribunaux. — Introduira-t-elle en France l'*institution du jury*, tant pour les matières civiles que pour les matières criminelles, à l'imitation de ce qui existe en Angleterre? — Débats intéressants sur cette importante question. — Opinion d'*Adrien* DUPORT en faveur du jury civil (1). — Opinion contraire de M. TRONCHET (2). — Projet de l'abbé SIEYES (3) — 30 avril 1790, l'assemblée décrète : « 1° qu'il y aura des jurés en matière criminelle; 2° qu'il n'en sera pas établi en matière civile » (4). ═ L'assemblée constituante range les faits punissables dans trois classes : 1. les contraventions qu'elle réprime par des peines *de police municipale*; — 2. les délits auxquels elle applique des peines *correctionnelles*; — 3. les crimes pour lesquels elle établit des peines *afflictives et infamantes.* ═ 16 août 1790, décret sur l'organisation judiciaire. — Il crée les justices de paix. — Il établit un tribunal dans chaque district. — Il consacre en principe l'appel, mais il en défère la connaissance aux tribunaux de district, qui seront juges d'appel les uns à l'égard des autres; — la

terons désormais, dans la *Collection complète des Lois, Décrets, Ordonnances, Règlements et Avis du Conseil d'état*, publiée par M. DUVERGIER, ou dans le *Bulletin des Lois.*

(1) MONITEUR du 31 mars 1790, p. 369.

(2) MONITEUR du 30 avril 1790, p. 490.

Voir sur cette question une *Note historique sur le jury, en matière civile*, dans l'Appendice du commentaire de la Constitution du 4 novembre 1848, publiée par M. DUPIN, p. 152. Paris 1849, 1 vol. in-18.

(3) MONITEUR du 9 et du 10 avril 1790, p. 405 et 407.

(4) MONITEUR du 1er mai 1790, p. 490.

nomination des magistrats a lieu à l'élection. — Ce décret confère aux corps municipaux la connaissance des *contraventions de simple police*, qu'il punit d'une amende ou d'un emprisonnement qui n'excèdera pas trois jours dans les campagnes et huit jours dans les villes. — Les appels des jugements de police seront portés au tribunal de district. — 19 juillet 1791, nouveau décret qui complète celui du 16 août 1790, quant à la *police municipale*, et qui organise la *police correctionnelle* pour la répression des délits. — Il range les délits dans cinq classes. — Il établit des peines correctionnelles, et il crée, pour les appliquer, des *tribunaux correctionnels*, siégeant dans chaque canton. — Chacun de ces tribunaux est composé du juge de paix et de deux assesseurs, de deux juges de paix et d'un assesseur, ou de trois juges de paix pour les villes divisées en plusieurs cantons. — La poursuite des délits sera faite, soit par les citoyens lésés, soit par le procureur de la commune ou ses substituts, soit par des hommes de loi, commis à cet effet par la municipalité. — Les peines correctionnelles sont : 1° l'amende ; 2° la confiscation ; 3° l'emprisonnement. — L'appel des jugements rendus par les tribunaux de police est porté au tribunal de district. — 28 septembre 1791, décret concernant les biens et *usages ruraux* et *la police rurale ( Code rural).* — Il définit et punit les délits ruraux. — Il en attribue la connaissance aux tribunaux de police municipale et aux tribunaux correctionnels. — De nombreuses dispositions de ce décret sont encore en vigueur. — 15 septembre 1791, décret sur l'administration forestière, organisant la répression des *Délits forestiers.*

PROCÉDURE CRIMINELLE. — 16 septembre 1791, *Code de procédure criminelle* de l'Assemblée constituante. — Il substitue à la procédure *inquisitoriale*, consacrée par l'ordonnance de 1670, la procédure *accusatoriale*, avec publicité des débats et avec un jury. — Il crée un jury d'*accusation* et un *jury de jugement*. — Un *jury spécial* d'accusation et de jugement, composé de citoyens ayant les connaissances relatives au genre de délit, doit statuer sur les plaintes ou dénonciations en matière de faux, de banqueroute frauduleuse, de concussion, péculat, vol de commis ou d'associés en fait de finances, commerce ou banque. = 29 septembre 1791, *décret en forme d'instruction pour la procédure criminelle.* — Le nouveau Code organise la *police de sûreté*, qu'il confie aux juges de paix ainsi qu'aux capitaines et lieutenants de la gendarmerie nationale. — Il établit dans chaque tribunal de district un *directeur du jury*, et il y organise un *jury d'accusation* composé de huit jurés. — Il crée dans chaque département un *tribunal criminel*, composé d'un président et de trois juges, pris chacun à son tour dans les tribunaux de district, à l'exception du président qui est nommé par les électeurs du département. — Il y a de plus, près de chaque tribunal criminel, un *accusateur public*, nommé à l'élection, et un *commissaire du roi*, chargé de veiller à l'exécution de la loi. — Organisation du *jury de jugement*. — Procédure devant le tribunal criminel. — Position des questions au jury. — Il doit répondre pour chaque fait à trois questions : 1° le fait est-il constant? 2° L'accusé est-il ou non convaincu? 3° A-t-il agi dans une intention coupable? — La *majorité de dix voix* est nécessaire sur chacune de ces questions, pour que la culpabilité de l'accusé soit légalement constatée. = Recherches historiques sur le jury. — L'Assemblée constituante organisa un jury d'accusation et un jury de jugement, à l'imitation de ce qui existait en Angleterre. — L'origine de l'institution du jury remonte aux anciennes coutumes anglo-saxonnes. $=$ 27 novembre 1790, décret qui organise le *Tribunal de cassation*. $=$ La Constitution du 3 septembre 1791 établit une *haute cour de justice*, formée des membres du Tribunal de cassation et de hauts-jurés, pour connaître des délits des ministres et agents principaux du pouvoir exécutif, et des crimes qui attaquent la sûreté générale de l'État, lorsque le Corps législatif a rendu un décret d'accusation (Tit. III, ch. V, art. 23).

Droit pénal. — Loi du 21 janvier 1790 établissant l'égalité des citoyens par rapport aux peines. $=$ La constitution du 3 septembre 1791 établit les bases du nouveau Droit pénal dans l'art. 8 ainsi conçu : « La loi ne doit établir que des peines strictement et évidemment nécessaires, et nul ne peut être puni qu'en vertu d'une loi établie et promulguée antérieurement au délit et légalement appliquée. » $=$ Les peines cessent d'être arbitraires.— Rédaction d'un Code pénal. — Rapport de Lepelletier-Saint-Fargeau sur le projet de Code (1).—Débats sur la peine de mort (2).—L'assemblée constituante décide presque à l'unanimité que la peine de mort ne sera pas abolie. Des applaudissements se font entendre dans les tribunes (3). $=$ Code pénal du 25 septembre 1791. —Il est divisé en deux parties : l'une contient les *règles générales*, l'autre renferme les *règles spéciales* relatives à chaque *incrimination*. — «Les peines qui seront prononcées contre les accusés trouvés coupables par le

(1) *Moniteur* des 30, 31 mai et 1er juin 1791, pag. 622, 626, 629.
(2) *Moniteur* des 31 mai et 2 juin 1791, p. 620 et 638.
(3) *Moniteur* des 31 mai et 2 juin 1791, pages 630 et 638.

jury, sont : 1° la peine de mort ; 2° les fers ; 3° la réclusion dans la maison de force ; 4° la gêne ; 5° la détention ; 6° la déportation ; 7° la dégradation civique ; 8°
le carcan. (Art. 1er). » Aucune des peines privatives de
la liberté n'est perpétuelle. — Chaque fait incriminé
est puni d'une peine fixe , sans *maximum* ni *minimum*.
— Le récidiviste subit d'abord la peine ordinaire établie pour le nouveau crime qu'il a commis ; il doit ensuite être transféré pour le reste de sa vie au lieu fixé
pour la déportation des malfaiteurs. — On remarque
parmi les peines que ce code établit celle de *la gêne*,
qui consiste dans une détention solitaire, sans communication avec les personnes du dehors, et avec le travail en cellule. = La promulgation des nouvelles lois
criminelles obtient l'assentiment de la nation. — Pro-
clamation du roi Louis XVI. = Observations critiques
sur la législation criminelle de l'Assemblée constituante : 1° en substituant à la procédure secrète par
voie d'enquête écrite, la procédure *accusatoriale* avec
publicité des débats, elle n'avait rien établi de suffisant
pour recueillir les éléments des procès criminels. Les
affaires arrivaient à l'audience sans avoir été suffisam-
ment instruites, et les preuves qu'une information préalable eût pu fournir, faisaient souvent défaut ; — 2°
cette législation exigeait beaucoup trop du zèle et des lu-
mières du jury. Le *jury d'accusation* fonctionna mal et
méconnut la nature de ses attributions. Le *jury de juge-*
*ment* s'éleva difficilement à la hauteur de la mission
qui lui était confiée ; — 3° en prescrivant la position
de trois questions pour chaque fait, la loi jetait une
inextricable complication dans les affaires graves. La
multiplicité des questions causait souvent, dans les
délibérations du jury, une confusion ou des erreurs

qui amenaient l'acquittement des coupables (1) ; — 4°
le Code pénal, en consacrant pour chaque crime des
peines fixes et invariables, mettait obstacle à l'appréciation des faits accessoires qui modifient, presque
toujours, la moralité du fait principal. Il en résultait
que la peine se trouvait fréquemment hors de proportion avec le fait qu'elle avait pour objet de réprimer,
et que les jurés, transigeant avec leur conscience, pré-
féraient déclarer la non culpabilité d'un coupable que
de provoquer contre lui une condamnation qui eût
blessé l'équité. — Il résulta de cet état de choses que
l'action des lois criminelles fut à peu près nulle, et que
les chances d'impunité qu'obtinrent les coupables, pri-
vèrent la loi pénale de toute puissance répressive et
préventive.

## II.

### Assemblée nationale législative.

(1er octobre 1791. — 20 septembre 1792).

13 janvier 1792, loi relative à l'installation des tribunaux criminels. ⹀ 20 mars 1792, loi relative au
mode d'exécution de la peine de mort. — Elle établit, à
suite d'un rapport du docteur Louis, secrétaire perpé-

---

(1) M. OUDART citait dans ses *Observations sur le projet de Code
criminel*, un procès dans lequel 36,000 questions avaient été posées.
Ce fait, il faut l'avouer, paraît bien extraordinaire ! Voir LOCRÉ,
*Législation civile, commerciale et criminelle* de la France, tome XXV,
p. 36.

tuel de l'académie de médecine, l'usage de la machine
à décapiter.

## III.

**Convention nationale.**

(21 septembre 1792. — 4 brumaire an IV, 26 octobre 1795).

CODE *des délits et des peines,* du 3 brumaire an IV,
rédigé par le jurisconsulte MERLIN (1). — Ce Code mit la
législation criminelle en harmonie avec les dispositions
nouvelles de la constitution démocratique du 5 fructidor
an III. Il contient 646 articles, distribués dans trois livres,
intitulés : *de la Police, de la Justice, et des Peines.* Il rem-

---

(1) Voici ce que rapporte à ce sujet M. DUPIN dans le *Discours de
rentrée* qu'il prononça à l'audience solennelle de la cour de cassation
du 3 novembre 1847, et dans lequel il trace l'histoire de notre Droit
criminel, « Une note curieuse laissée par M. Merlin dans ses manuscrits, explique comment, sans avoir fait originairement partie de cette
commission (celle de 11 membres, chargée par un décret du 25 fructidor an III de présenter un projet de Code de police et de sûreté),
il fut cependant le seul rédacteur de ce code. — Le projet, en plus de
600 articles, fut présenté dans une séance et adopté dans celle du len-
demain, sur la seule lecture qu'il en fit, et qui ne fut interrompue
que par la proposition d'un petit nombre d'amendements. *Journal* LE
DROIT du 4 novembre 1847, p. 1090. — « Expression générale de la
Philosophie sociale la plus avancée, dit M. MIGNET, ce Code, écrit
avec une clarté élégante, et dont chaque disposition portait, pour
ainsi dire, sa raison en elle-même, fut voté en deux séances par la
Convention, qui l'adopta de confiance. La pensée de M. Merlin resta
pendant près de quinze ans la législation de la France.» *Notice historique sur la vie et les travaux de M.* MERLIN, au tome 1er, p. 225,
des *Notices et Mémoires historiques.*

plaça, pour la Procédure criminelle, le Code du 16 septembre 1791, mais il maintint les dispositions du Code pénal du 25 du même mois, pour toutes les dispositions auxquelles il n'était pas dérogé d'une manière expresse. — On a reproché à ce Code d'avoir introduit dans la Procédure criminelle, par un esprit de méfiance, un trop grand nombre de nullités qui entravèrent souvent la marche de la justice. = 4 brumaire an IV, dernier décret de la Convention, portant que la peine de mort sera abolie à dater du jour de la publication de la paix générale (1).

## IV.

### Directoire exécutif.

(5 brumaire an IV, 27 octobre 1795. — 18 brumaire an VIII, 9 novembre 1799).

Les lois des 19 fructidor an V, art. 33, et 8 frimaire an VI, établissent que les jurés de jugement ne pourront, dans les vingt-quatre heures de leur réunion, rendre leur décision qu'à l'unanimité; mais, après ce délai, ils la rendront, s'ils ne sont pas unanimes, à la majorité absolue. S'il y a partage, le chef du jury fera, après les vingt-quatre heures, une déclaration à la décharge de l'accusé. = 22 prairial an IV, loi qui incrimine la tentative dans une disposition unique ainsi

---

(1) Lors de la paix d'Amiens, l'application de ce décret fut ajournée par une loi du 8 nivôse an X.

conçue : « Toute tentative de crime, manifestée par des
actes extérieurs et suivie d'un commencement d'exécution, sera punie comme le crime même, si elle n'a été
suspendue que par des circonstances fortuites, indépen-
dantes de la volonté du prévenu. »

Triste situation de la France, résultant des troubles
politiques et de l'absence d'une répression suffisante
sous l'empire des nouvelles lois criminelles. Les routes
ne sont plus sûres ; des bandes de malfaiteurs jettent
partout l'effroi et commettent les plus horribles attentats. — Nécessité d'avoir recours à des mesures extraordinaires. — Loi du 29 nivôse an VI, qui punit de
mort les vols commis à force ouverte ou par violence,
sur les routes et voies publiques, ainsi que ceux commis dans les maisons habitées, avec effraction extérieure ou escalade. — Les tentatives de ces mêmes
crimes sont aussi punies de mort. — Ceux qui seront
convaincus de s'être introduits dans des maisons habitées, à l'aide d'effraction extérieure ou d'escalade, seront
également passibles de la peine de mort, lorsqu'il ap-
paraîtra, par les circonstances du fait, qu'ils avaient le
dessein d'assassiner ou de voler, lors même que ce
dernier crime n'aurait pas été consommé. — Des mesures nouvelles sont introduites pour assurer la poursuite
et la répression de ces crimes. — La connaissance en
est attribuée aux conseils de guerre (1).

_____

(1) Cette loi ne devait être en vigueur que pendant une année à dater
de sa promulgation. Elle fut prorogée jusqu'au 29 nivôse an VIII
par une seconde loi du 29 brumaire an VII. — Voir un avis du conseil d'État du 20 prairial an VIII, par rapport à la peine à appliquer
aux délits non encore jugés à l'époque à laquelle elle cessa d'être en
vigueur.

## V.

### Consulat.

(19 brumaire an VIII, 10 novembre 1799. — 27 floréal an XII, 17 mai 1804).

La nécessité de mieux assurer la répression des délits se fait encore vivement sentir (1). — Nécessité de
mieux organiser le pouvoir judiciaire et d'avoir recours
à des mesures exceptionnelles. — Loi du 27 ventôse an
VIII, qui organise des *tribunaux de première instance*,
appelés à connaître des matières correctionnelles, des
*tribunaux d'appel* et des *tribunaux criminels*. Les *tribunaux criminels*, établis dans chaque département, sont
composés d'un président, de deux juges et de deux sup-
pléants; ils doivent connaître de toutes les affaires
criminelles et des appels des jugements rendus par les
tribunaux de première instance en matière correctionnelle. — Loi du 6 germinal an VIII, qui confie la formation des listes des jurés aux juges de paix, aux sous-
préfets et aux préfets. — Loi du 7 pluviôse an IX, relative à la poursuite des délits en matière criminelle et
correctionnelle. — Elle établit, près de chaque tribunal de première instance, un *magistrat de sûreté*, substitut du commissaire du gouvernement près le tribunal criminel, chargé de la recherche et de la poursuite

---

(1) M. THIERS a dépeint dans des termes énergiques les brigandages
que commettaient à cette époque des bandes de *chauffeurs* et de *garro-
teurs* qui infestaient les routes et qui jetaient la désolation et la ter-
reur dans les campagnes. *Histoire du Consulat et de l'Empire*, tome
II, page 304.

de tous les délits correctionnels et de tous les crimes.
— Elle confère aux *directeurs du jury* les fonctions de
juge d'instruction, et elle les charge de faire une information qui précèdera le jugement. — Elle trace des
dispositions nouvelles pour le règlement de la compétence. = Loi du 18 pluviôse an IX, qui établit des
*tribunaux spéciaux.* — Ces tribunaux sont composés du
président et de deux juges du tribunal criminel, de
trois militaires ayant au moins le grade de capitaine,
et de deux citoyens ayant les qualités requises pour
être juges. — La compétence des tribunaux spéciaux
est établie sur la qualité des personnes ou sur la nature
des faits. — Sous le premier rapport, ils doivent connaître, à l'exclusion des tribunaux ordinaires et sans
jurés, des crimes commis par les *vagabonds* et gens sans
aveu, par les *condamnés* à des peines afflictives, évadés
ou non évadés. — Sous le second rapport, ils sont appelés à connaître, contre toutes personnes, des vols sur
les grandes routes, violences, voies de fait et autres
circonstances aggravantes du délit; des vols commis
dans les campagnes et dans les habitations et bâtiments
des campagnes, lorsqu'il y aura effraction extérieure,
ou lorsque le crime aura été commis avec port d'armes
et par une réunion de deux personnes au moins; du
crime d'incendie et de fausse monnaie, des assassinats
préparés par des attroupements armés; du crime d'em-
bauchage, des machinations pratiquées par des individus non militaires, pour corrompre ou suborner les
gens de guerre; des rassemblements séditieux contre
les personnes surprises en flagrant délit dans les dits
rassemblements, etc. — Ils connaîtront également,
contre toutes personnes, mais concurremment avec les
tribunaux ordinaires, des crimes d'assassinat. — Cette
loi organise ensuite une procédure rapide pour l'ins-

truction des affaires, le règlement de la compétence, le jugement et son exécution. Le tribunal spécial statue d'abord *sur sa compétence* par un premier jugement qui est signifié à l'accusé dans les vingt-quatre heures, et qui est transmis, dans le même délai, au ministre de la justice, pour être soumis à la section criminelle de la cour de cassation. — Pendant que la compétence est ainsi souverainement réglée, le premier jugement du tribunal spécial reçoit provisoirement son exécution; l'affaire est portée à l'audience pour y être instruite et jugée; seulement, le jugement sur le fond n'est exécuté que lorsque le tribunal de cassation a confirmé celui qui est intervenu sur la compétence. Le second jugement, qui acquitte ou qui condamne, ne peut être attaqué par aucune voie de recours. = Loi du 23 floréal an X, qui organise un second ordre de *tribunaux spéciaux*, composés du président du tribunal criminel, de celui du tribunal civil de première instance et de deux juges pris dans le sein de chacun de ces corps judiciaires. Ces seconds tribunaux spéciaux statuent au nombre de six juges, sans jurés, sur le crime de faux, pour lequel les lois tracent des formes particulières et auquel se rattachent des règles de droit qui ne peuvent être bien appréciées que par des magistrats. — Ils doivent aussi connaître du crime de fausse monnaie et du crime d'incendie de granges, meules de blé et autres dépôts de grains, commis dans les lieux pour lesquels il n'existe pas de tribunaux spéciaux, organisés par la loi du 18 pluviôse an IX.

Cette même loi du 23 floréal an X établit une peine nouvelle, celle de la *flétrissure* avec un fer brûlant. Elle l'applique à deux ordres de condamnés : aux *récidivistes*, qui seront marqués sur l'épaule gauche de la lettre R, jusqu'à l'époque à laquelle ils pourront être déportés, conformément au Code pénal de 1791; aux *faussaires*, qui seront, dans tous les cas, marqués sur l'épaule droite de la lettre F, et qui continueront, en outre, d'être punis des peines portées par les autres lois pénales.

## § 6.

### Droit criminel de l'empire.

(28 floréal an XII, 18 mai 1804. — 31 mars 1814).

Une commission nommée sous le consulat par un arrêté du 27 germinal an IX, et composée de MM. *Vieillard, Target, Oudard, Treilhard* et *Blondel*, avait été chargée de rédiger un projet de Code criminel. Cette commission avait déposé un travail en 1169 articles qui embrassait à la fois le Droit pénal et les dispositions relatives à la Procédure. En tête de ce projet étaient placées des observations générales, rédigées par M. Target pour ce qui concernait la pénalité, et par M. Oudard pour la partie qui se rattachait aux dispositions organiques et aux formes. — Ces travaux furent immédiatement imprimés (1) et adressés au tribunal de cassation, aux tribunaux criminels et aux tribunaux d'appel, pour qu'ils eussent à donner leurs observations.

---

(1) Ils ont été recueillis en un volume in-8°, qui a pour titre : Projet de Code criminel, *avec les observations des rédacteurs , celles du tribunal de cassation et le compte-rendu par le grand juge.* Paris, an XII. Garnery, libraire.

Ces observations (1) furent, en général, peu favorables au jury et à la législation de l'assemblée constituante, qui avait livré la société désarmée aux attentats des malfaiteurs. Elles manifestèrent des tendances vers un retour à l'ancienne Procédure, consacrée par l'ordonnance de 1670, convenablement modifiée (2). —

---

(1) *Observations des tribunaux d'appel sur le projet de Code criminel ;* 4 volumes in-4°, an XIII.

(2) Le tribunal d'AIX, par exemple, s'exprimait en ces termes : « Soit que nos mœurs ne comportent point la forme du jugement par jurés, soit qu'elle ne puisse pas s'accommoder à notre situation présente, à la suite des troubles civils qui nous ont agités, nous n'hésitons pas à penser que l'ordonnance de 1670, modifiée par les décrets de 1789, offre plus de garanties et des motifs plus réels de sécurité. Peut-être, en y joignant la publicité des débats , comme en matière correctionnelle, aurait-on trouvé le point de perfection auquel on peut atteindre pour concilier les droits des accusés avec ceux de la société. » — Le tribunal de PAU s'exprimait ainsi : « La Procédure établie par l'ordonnance de 1670 fut justement abrogée par deux raisons principales : la première, que l'instruction était secrète ; la seconde, que l'accusé, étant sans conseil, était aussi sans défense. Au lieu de changer cet ordre vicieux, l'esprit de système, né de la révolution, adopta une institution étrangère à nos usages, et qui, jugée par ses effets, sans prévention comme sans enthousiasme, présente plus d'inconvénients que d'avantages. Que l'instruction soit publique, que l'accusé soit défendu, que le jugement appartienne à des magistrats que le travail et l'habitude de juger rendent plus propres à discerner l'innocence du crime , voilà ce que l'expérience a démontré être préférable à des théories séduisantes, dont la bonté est démentie par la pratique. »

La COUR DE CASSATION elle-même, appelée, par un arrêté du 25 ventôse an X, à présenter, chaque année, aux consuls, ses observations sur les parties de la législation qui pouvaient nécessiter des réformes, mettait en question les avantages de l'institution du jury. — « Peut-être serait-il à examiner, disait-elle par l'organe de M. MURAIRE, son premier président, si l'ordonnance de 1670, modifiée par les décrets de 1789, n'offre pas une garantie plus sûre et des motifs plus réels de sécurité. LOCRÉ, *législat. civ., comm. et criminelle de la France,* tome 1ᵉʳ, p. 206.

Tous ces documents furent transmis à la section de législation du conseil d'état.

Le 2 prairial an XII, l'empereur se fait rendre compte des travaux du conseil d'état sur les Codes criminels, et ordonne la rédaction d'une série de questions fondamentales sur lesquelles la discussion devra s'établir. — Ces questions, au nombre de quatorze, sont soumises au conseil d'état dans la séance du 16 prairial an XII, présidée par l'empereur. On remarque les suivantes : — I<sup>re</sup> QUESTION. « L'institution du jury sera-t-elle conservée ? » — II<sup>e</sup> QUESTION. « Y aura-t-il un jury d'*accusation* et un jury de *jugement* ? » — V<sup>e</sup> QUESTION. « L'instruction sera-t-elle purement orale, ou partie orale et partie écrite ? » — VI<sup>e</sup> QUESTION. « Présentera-t-on plusieurs questions au jury de jugement ou n'en présentera-t-on qu'une : *N. est-il coupable ?* » — IX<sup>e</sup> QUESTION. « La peine de mort sera-t-elle conservée ? » — X<sup>e</sup> QUESTION. « Y aura-t-il des peines perpétuelles ? » — XII<sup>e</sup> QUESTION. « Les juges auront-ils une certaine latitude dans l'application des peines ? y aura-t-il un *maximum* et un *minimum* qui leur laisseront la faculté de prononcer la peine pour plus ou moins de temps, suivant les circonstances ? » = La discussion du projet du Code criminel s'établit sur ces bases au sein du conseil d'état. — On est unanime pour supprimer le jury d'accusation. — Les opinions se divisent, et la discussion devient très vive par rapport au jury de jugement. MM. SIMÉON, PORTALIS, BIGOT-PRÉAMENEU, JAUBERT proposent de le supprimer ; MM. BERLIER, CRETET, TREILHARD, BÉRANGER sont d'avis de le conserver ; M. CAMBACÉRÈS paraît hésiter (1) ; l'EMPEREUR se prononce

(1) Voici ce que disait M. CAMBACÉRÈS dans la séance du conseil d'état du 23 janvier 1808 : « Quelques mesures qu'on prenne, le jury

en faveur du jury convenablement organisé, et en réservant la connaissance d'un ordre de crimes à des tribu-bunaux spéciaux (1). — La conservation du jury de jugement, mise trois fois en question au sein du conseil d'état, est trois fois résolue d'une manière favorable.— Cette question vient se rattacher à l'organisation d'un

---

sera toujours mal composé ; et pourquoi ? parce qu'il n'est pas dans le caractère de la nation. Il existe en France un esprit d'industrie qui fait que chacun n'aime à s'occuper que de ses affaires; encore moins est-on disposé à les quitter pour des fonctions qui n'ont rien d'attrayant. Les uns craignent les déplacements multipliés et la perte de temps qu'entraîne la remise de la cause ; les autres la perplexité où se trouvent nécessairement des personnes peu exercées, lorsqu'il leur faut prononcer sur des faits obscurs, en tirer des conséquences et décider du sort des hommes. Ce ministère fatigue les consciences délicates. » LOCRÉ, *législat. civ., comm. et crim.,* tome XXIV, p. 584.

(1) Voici les opinions que l'empereur exprimait dans le sein du conseil d'état, à la séance du 9 prairial an XII : « De part et d'autre on allègue des raisons très fortes pour et contre l'institution des jurés; mais on ne peut se dissimuler qu'un gouvernement tyrannique aurait beaucoup plus d'avantage avec des jurés qu'avec des juges qui sont moins à sa disposition, et qui toujours lui opposeront plus de résistance ; aussi les tribunaux les plus terribles avaient-ils des jurés (Il veut parler des tribunaux révolutionnaires). S'ils eussent été composés de magistrats, les habitudes et les formes auraient été un rempart contre les condamnations injustes et arbitraires. » — Après avoir admis le jury, s'il était possible de le bien composer, l'empereur continuait en ces termes : « Il serait nécessaire aussi d'organiser des tribunaux d'exception pour connaître des délits commis par des individus non domiciliés ou réunis en bande. La répression de pareils accusés est au-dessus de la force des jurés; ils se laisseront trop facilement intimider ; il est même possible que la crainte séduise leur conscience et les dispose à donner plus de poids aux vaines excuses des accusés. Les tribunaux d'exception ne peuvent être dangereux, lorsque le tribunal de cassation prononce sur la compétence. » LOCRÉ, *législat. civ., comm. et crim.,* tome XXIV, p. 46.

Dans une autre séance du 6 février 1808, l'empereur s'exprimait ainsi : « N'est-ce pas abandonner trop aux tribunaux que de les constituer, tout à la fois, juges du Droit et juges du fait ? » LOCRÉ, *ubi suprà*, p. 611.

nouvel ordre judiciaire. — Réunira-t-on la justice criminelle à la justice civile ? — Etablira-t-on des grands corps judiciaires ? — Vues élevées et désirs de l'empereur sur ce point important (1). — On adopte, en principe, la fusion des deux justices et la création des cours impériales. — On s'arrête à l'idée de faire statuer sur la mise en accusation au moyen d'une procédure écrite, et d'envoyer un membre de la cour dans chaque département pour y présider des assises. — L'institution du jury pourra ainsi s'adapter à la nouvelle organisation des corps judiciaires.

ORGANISATION JUDICIAIRE ET PROCÉDURE CRIMINELLE. — Code d'instruction criminelle, décrété et promulgué en 1808. — Loi du 20 avril 1810 sur l'organisation judiciaire et l'administration de la justice. — Cette loi établit des *cours impériales,* des *cours d'assises* et des *cours spéciales,* ordinaires et extraordinaires. — On organise, dans cette législation nouvelle, une Procédure mixte qui emprunte à l'ordonnance de 1670 son information secrète et écrite, et aux Codes de l'assemblée constituante et de la convention, l'instruction orale, avec publicité des débats qui précèdent le jugement.— La composition

---

(1) « Dans l'état actuel des choses, disait-il, la poursuite des crimes est conférée à un magistrat de sûreté, à un juge instructeur, au procureur-général, fonctionnaires isolés, qui ne trouvent pas en eux assez de force pour attaquer les coupables puissants. Le tribunal ne peut les mettre en mouvement, ni ranimer leur énergie; car il est sans pouvoir sous ce rapport, et le président le plus ferme dans ses fonctions, verrait commettre un délit, qu'il serait réduit à en être le témoin passif.. ....... — Il s'agit de former de grands corps, forts de la considération que donne la science civile, forts de leur nombre, au-dessus des craintes et des considérations particulières, qui fassent pâlir les coupables, quels qu'ils soient, et qui communiquent leur énergie au ministère public; il s'agit, enfin, d'organiser la poursuite des crimes ; elle est nulle dans l'état actuel des choses. » LOCRÉ, *législat.*, tome 1er, p. 220.

des listes du jury est placée dans les mains des préfets.
— Le jury d'accusation est supprimé. Il est remplacé
par les chambres du conseil des tribunaux de première
instance et par les chambres d'accusation des cours
impériales. — On ne posera au jury pour chaque fait
qu'une question ainsi conçue : *N. est-il coupable ?* — Les
attributions des cours d'assises se trouvent restreintes
par celles qui sont conférées aux cours spéciales. —
Ces cours sont composées du président et des quatre
membres de la cour d'assises, de trois militaires ayant
au moins le grade de capitaine. Elles ne peuvent juger
qu'au nombre de huit juges, et elles statuent sans jurés
(C. d'inst., 553, 556). — La compétence des cours spéciales est basée sur la qualité des personnes ou sur la
nature des faits. Elles connaissent des crimes commis
par des vagabonds, gens sans aveu, et par des condamnés à des peines afflictives et infamantes. Elles jugent
le crime de rébellion armée à la force armée, celui de
contrebande armée, le crime de fausse monnaie et les
assassinats, s'ils ont été préparés par des attroupements
armés (C. d'inst., 553, 554). — L'empereur a la faculté
d'établir des *cours spéciales extraordinaires* dans les
lieux dans lesquels la multiplicité de certains crimes
peut exiger des voies de répression plus actives. — La
cour spéciale extraordinaire remplace, dans ce cas, la
cour d'assises, et ses attributions sont déterminées
par un réglement d'administration publique. — Cette
cour est prise dans le sein de la cour impériale, et se
compose de huit de ses membres, parmi lesquels son
président est désigné (L., 20 avril 1810, art. 25-29).=
Un décret du 3 mars 1810 établit des prisons d'état,
dans lesquelles des citoyens peuvent être détenus sans
être poursuivis devant les tribunaux et sans avoir subi
de condamnation.

DROIT PÉNAL. — Un nouveau Code pénal est décrété et publié en 1810. — Ses rédacteurs s'inspirent des idées de l'école utilitaire émises dans les écrits de Jérémie Bentham (1). — Ce Code déploie une grande sévérité : il prodigue la peine de mort ; il l'applique aux crimes politiques et aux attentats contre la propriété ; il établit des peines perpétuelles ; il consacre la mort civile et la confiscation générale ; il inflige la mutilation du poing, la marque avec un fer brûlant, le carcan. = Il introduit une heureuse innovation quant aux peines pécuniaires et aux peines privatives de la liberté temporaires, en laissant aux juges une assez grande latitude entre un *maximum* et un *minimum* pour leur application. — Il les autorise à tenir compte des circonstances atténuantes en matière correctionnelle, toutes les fois que le préjudice causé n'excèdera pas vingt-cinq francs.

---

(1) Voici les idées philosophiques qu'on rencontre dans les *observations* de M. TARGET, placées en tête du projet du Code criminel ; elles expriment avec netteté les doctrines de Jérémie Bentham : « C'est la nécessité de la peine qui la rend légitime. Qu'un coupable souffre, ce n'est pas le dernier but de la loi ; mais que les crimes soient prévenus, voilà ce qui est d'une haute importance. — Après le plus détestable forfait, s'il pouvait être sûr qu'aucun crime ne fût désormais à craindre, la punition du dernier coupable serait une barbarie sans fruit, et l'on ose dire qu'elle passerait le pouvoir de la loi. *Pœna non irascitur, sed cavet.* SÉNÈQ. — La gravité des crimes se mesure donc, non pas tant sur la perversité qu'ils annoncent, que sur les dangers qu'ils entraînent. L'efficacité de la peine se mesure moins sur sa rigueur que sur la crainte qu'elle inspire. — Et cette crainte est proportionnée à la certitude et à la célérité de la peine, plus qu'à sa sévérité. — Si l'expérience avait convaincu les coupables qu'ils ne peuvent ni éviter la peine, ni lui échapper ensuite, et qu'elle les atteint d'un pas rapide, l'idée du châtiment, se liant toujours à l'idée du crime, sa douceur ne nuirait guère à son efficacité. — Les punitions peuvent donc, sans danger, être plus modérées dans les pays où l'administration emploie les moyens les plus sûrs de saisir les criminels et d'empêcher les évasions.» LOCRÉ, *législat. civ.*, tome XXIX, p. 8.

Ils sont, dans ce cas, autorisés à réduire l'emprisonnement même au-dessous de six jours, et l'amende même
au-dessous de seize francs, et ils peuvent aussi n'appliquer que l'une de ces peines.

Les Codes d'instruction criminelle et pénal de l'empire ne furent exécutoires dans chaque ressort qu'à
partir de l'installation de la cour impériale, ce qui re-
porte à l'année 1811 (décrets des 17 décembre 1809,
13 mars et 25 novembre 1810).

§ 7.

*Réforme de la Législation criminelle de l'empire.*

I.

### Restauration.

( 14 avril 1814. — 29 juillet 1830).

La charte constitutionnelle du 4 juin 1814 garantit
la liberté individuelle (art. 4), supprime les cours spéciales (art. 63), conserve l'institution du jury (65), et consacre la publicité des débats pour les matières criminelles (64). Elle attribue à la chambre des pairs la connaissance des crimes de haute trahison et des attentats
à la sûreté de l'état, qui seront définis par une loi. —
Cette chambre exerce, en matière criminelle, sa juridiction sur ses membres et sur les ministres (33, 34,
55). — La peine odieuse de la confiscation générale
est aussi effacée de notre législation (66). = Les lois

des 17 mai 1819, 26 mai 1819 et du 25 mars 1822, établissent un ensemble de règles nouvelles pour la répression des délits commis par la voie de la presse, par la parole ou par tout autre moyen de publication. — L'institution du jury reçoit une vie nouvelle par les lois des 2 mai 1827 et 2 juillet 1828, qui établissent la permanence des listes générales et le tirage au sort des jurés pour le service de chaque session des cours d'assises.

A mesure que l'ordre et le bien-être progressent au sein de la paix, la nécessité d'adoucir les rigueurs de la législation pénale de l'empire se fait plus vivement sentir. De nombreux *werdicts* de non culpabilité, amenés par la sévérité trop grande des peines, expriment l'opinion du pays sur la législation criminelle et attestent la nécessité d'une réforme. — Cette réforme est essayée d'une manière timide et opérée avec une grande réserve par la loi du 25 juin 1824. — Cette loi n'adoucit que pour un petit nombre de crimes les peines établies dans le Code de 1810. — Elle investit, pour les cas qu'elle détermine, les cours d'assises du pouvoir de constater, *en matière criminelle*, l'existence des *circonstances atténuantes*, et elle les autorise à abaisser alors la peine par rapport à certains faits d'un degré, par rapport à d'autres de deux degrés, en descendant même à l'emprisonnement correctionnel, pourvu toutefois que les accusés ne soient ni vagabonds, ni mendiants, ni en état de récidive. — Elle attribue aux tribunaux correctionnels la connaissance des crimes commis par les mineurs de seize ans qui n'ont pas de complices au-dessus de cet âge, lorsque la loi n'attache pas aux faits pour lesquels ils sont poursuivis, la peine de mort ou les peines des travaux forcés à perpétuité et de la déportation.

## II.

**Règne de Louis-Philippe.**

(7 août 1830. — 24 février 1848).

Après les événements de 1830, de nouvelles réformes modifient encore plus profondément les Codes de l'empire. — La loi du 8 octobre 1830 restitue aux cours d'assises la connaissance des délits de la presse et leur attribue celle des délits politiques, en exécution de l'art. 69 de la nouvelle charte constitutionnelle. — La loi du 19 avril 1831 organise et règlemente de nouveau la formation des listes électorales et du jury. = Le nombre des magistrats qui composent la cour d'assises est réduit à trois par la loi du 4 mars 1831. = Une loi du 13 mai 1836 règlemente le mode de voter du jury au scrutin secret. = Des changements plus profonds sont introduits encore dans le Code d'instruction criminelle et dans le Code pénal, qui est révisé et modifié dans ses bases par la loi du 28 avril 1832. — Cette loi supprime les peines de la mutilation du poing, de la marque et du carcan. Elle consacre pour les crimes politiques, une pénalité différente de celle qui est applicable aux crimes communs (1), et elle crée, à cet effet, la peine de la détention. Elle supprime la peine de mort dans neuf cas ; elle rétablit, à la place du carcan, la peine de l'exposition publique, comme accessoire de celle des travaux forcés et de la réclusion, en autori-

_____

(1) Voir l'arrêt de la cour de cassation du 3 février 1849. (DEVILLE-NEUVE et CARETTE, tome XLIX, 1—145).

sant les cours d'assises à dispenser de la subir ceux qui sont condamnés aux travaux forcés à temps ou à la réclusion lorsqu'ils ne sont pas en état de récidive et lorsque ces peines ne leur sont pas appliquées pour le crime de faux. — Elle change, enfin, toute l'économie du Code pénal, en conférant aux jurés le droit de déclarer, en matière de crime, l'existence de *circonstances atténuantes* en faveur des accusés qu'ils reconnaissent coupables, et en imposant, dans ce cas, aux cours d'assises, l'obligation de descendre la peine d'un degré, avec faculté de l'abaisser encore d'un second degré lorsqu'elle n'est pas commuée en un emprisonnement correctionnel. — Cette réforme profonde investit les jurés du droit de déterminer, dans une certaine latitude, la moralité juridique des actes dont ils reconnaissent l'accusé coupable, et procure aux juges les moyens d'arriver à une proportion plus exacte entre la peine et la gravité du fait pour lequel elle est appliquée (1). — Quelques autres lois importantes viennent encore compléter plusieurs dispositions du Code pénal. Nous citerons celles du 24 mai 1834 sur les détenteurs d'armes et de munitions de guerre, et celle du 21 mai 1836, qui prohibe les loteries et qui se rattache à l'article 410 de ce code.

## III.

### République.

Depuis la révolution de 1848, notre législation criminelle a encore subi des changements dans un grand

---

(1) Nous donnerons plus de détails sur l'esprit qui a présidé à cette grande réforme de nos lois pénales, lorsque nous expliquerons les articles 341 du Code d'instruction criminelle, et 463 du Code pénal.

nombre de ses dispositions relatives à l'organisation judiciaire, à la Procédure criminelle et au Droit pénal. Nous allons les indiquer.

ORGANISATION JUDICIAIRE. — Loi du 7 août 1848, *sur le jury*. Elle consacre l'admission aux fonctions de jurés de tous les Français âgés de trente ans, jouissant des droits civils et politiques, sauf les cas d'incapacité et de dispense, qu'elle détermine. Elle établit la confection de la liste annuelle et permanente du jury dans les cantons, par les délégués des conseils municipaux de toutes les communes, présidés par un membre du conseil général du département, ou par le juge de paix. — L'art. 84 de la constitution du 4 novembre confère au jury des attributions nouvelles, en l'investissant du droit de statuer seul sur les dommages-intérêts réclamés pour faits de la presse. L'art. 120 de la loi électorale du 18 mars 1849 lui confère également le droit de statuer sur des demandes en dommages-intérêts. = Une loi, en date du 15 août 1849, détermine les effets de l'*état de siége*, et consacre, comme conséquence de cette mesure, la compétence facultative des tribunaux militaires pour le jugement des crimes et délits contre la sûreté publique, quelle que soit la qualité des inculpés. = La constitution du 4 novembre 1848 crée et organise une *haute cour de justice* dont elle détermine les attributions (art. 91 à 98). — Elle établit également un *tribunal spécial des conflits*, composé de membres de la cour de cassation et de conseillers d'état (art. 89). Ce tribunal est organisé par la loi du 4 février 1850.

PROCÉDURE CRIMINELLE. — 23 mars 1848, décret du gouvernement provisoire qui abroge le premier paragraphe de l'art. 119 du Code d'instruction criminelle, et qui autorise les juges à fixer au-dessous de cinq cents francs *le cautionnement* à fournir par les prévenus qui demandent leur mise en liberté provisoire moyennant caution. == Loi du 18 octobre 1848, qui veut que la *déclaration du jury* puisse se former contre l'accusé sur le fait principal et sur les circonstances aggravantes, à la majorité de plus de sept voix, et que la déclaration des circonstances atténuantes ait lieu à la simple majorité. == Loi du 2 janvier 1850, qui modifie l'art. 472 du Code d'instruction criminelle. Elle supprime les *exécutions par effigie*, et elle les remplace par l'insertion dans les journaux et l'affiche de l'extrait du jugement de condamnation rendu contre le contumace. == 18 avril 1848, décret du gouvernement provisoire relatif à la *réhabilitation* des condamnés. Il investit provisoirement le ministre de la justice du Droit de prononcer la réhabilitation. Il modifie les dispositions des articles 619 à 634 du Code d'instruction criminelle, et il introduit, par une disposition d'une haute importance, la réhabilitation pour les matières correctionnelles.

DROIT PÉNAL. — 26 février 1848, décret du gouvernement provisoire, qui *abolit la peine de mort en matière politique*. Cette abolition est consacrée par l'art. 5 de la Constitution. — Loi du 8 juin 1850, sur *la déportation*. Cette loi a un double but : celui de mettre le système pénal en harmonie avec l'abolition de la peine de mort en matière politique ; celui de procurer l'exécution de l'art. 17 du Code pénal par la désignation des lieux dans lesquels la déportation sera désormais subie. — Elle établit deux sortes de déportations : *la déportation dans une enceinte fortifiée*, qui remplace la peine de mort pour les crimes politiques ; *la déportation simple*, qui sera appliquée aux crimes pour lesquels le Code pénal prononce la déportation. — Cette loi modifie encore l'art. 18 de ce même Code, en supprimant la *mort civile*, encourue par le déporté , et en la remplaçant par la dégradation civique et par l'interdiction légale. = 12 avril 1848, décret du gouvernement provisoire, qui abolit l'*exposition publique*. = Loi du 13 décembre 1848, sur la *Contrainte par corps*. — Son titre IV contient des dispositions importantes relatives aux matières criminelles, correctionnelles et de police. Elles modifient, en les adoucissant, celles de la loi du 17 avril 1832, et elles se rattachent aux articles 52, 53, 467 et 469 du Code pénal.

Plusieurs autres lois récentes ont encore modifié ou complété nos lois criminelles. Nous ne nous occuperons que des plus importantes. —Nous avons d'abord à indiquer la loi du 7 juin 1848, sur les *attroupements*. — Elle incrimine et elle punit le fait d'avoir fait partie d'un attroupement armé formé sur la voie publique, ou d'un attroupement non armé aussi formé sur la voie publique, lorsqu'il peut troubler la tranquillité. = La loi du 22 juillet 1848, sur *les Clubs*, se rattache à l'article 8 de la constitution et aux articles 291 et suivants du Code pénal. — Elle contient des dispositions sur les sociétés secrètes et les réunions non publiques. Elle a été modifiée par une autre loi du 22 juin 1849, qui autorise le gouvernement à interdire, pendant une année, les clubs et autres réunions qui seraient de nature à compromettre la sécurité publique. Cette dernière loi consacre, en principe, l'interdiction des clubs. Elle a été prorogée par une nouvelle loi du 12 juin 1850, qui autorise le gouvernement à interdire aussi les réunions électorales lorsqu'elles dégénèrent en clubs. = Une nouvelle loi, en date du 27 juillet 1849, et deux autres en date des 18 juillet 1850 et 11 août 1848, rectifient, complètent et remplacent les dispositions des lois antérieures sur *la presse* et sur les délits commis par tout autre moyen de publication, avec lesquelles il faut les combiner. = La loi électorale du 15 mars 1849, modifiée par celle du 31 mai 1850, contient un grand nombre de dispositions pénales et quelques règles relatives à la poursuite. = Enfin, une loi du 5 août 1850, sur l'*éducation et le patronage des jeunes détenus*, organise un ensemble de mesures propres à moraliser les mineurs qui sont privés de leur liberté, et à empêcher que les prisons ne deviennent pour eux des foyers de corruption. — Elle assigne, dans les *maisons d'arrêt* et de *justice*, des quartiers distincts affectés aux mineurs détenus, soit par voie de correction paternelle, soit préventivement, ou condamnés à six mois d'emprisonnement et au-dessous. — Elle crée des *colonies pénitentiaires* pour les jeunes détenus acquittés, en vertu de l'art. 66 du Code pénal, comme ayant agi sans discernement, mais qui ne doivent pas être remis à leurs parents, et pour ceux qui ont été condamnés à un emprisonnement de plus de six mois, mais qui n'excède pas deux ans. — Elle établit des *colonies correctionnelles*, soit en France, soit en Algérie, pour les mineurs condamnés à un emprisonnement de plus de deux années, et pour les jeunes détenus des colonies pénitentiaires qui auront été déclarés insubordonnés. — Elle fonde des *maisons pénitentiaires* pour les filles mineures détenues par voie de correction paternelle, les jeunes filles de moins de seize ans, condamnées à l'emprisonnement pour une durée quelconque, et pour celles qui ont été acquittées comme ayant agi sans discernement, mais qui ne doivent pas être remises à leurs parents.

La question du SYSTÈME PÉNITENTIAIRE, pendant longtemps à l'étude, paraît devoir prochainement recevoir

chez nous une solution législative.== On reconnaît généralement qu'il y a nécessité de substituer un nouveau
régime à celui des bagnes, des maisons centrales et
des maisons de correction que consacre la législation qui
nous régit.—1. Le nombre des récidives atteste que les
lieux dans lesquels les condamnés sont détenus deviennent pour eux des foyers de corruption. La société peut
bien infliger, à titre de peine, la privation de la liberté à
celui qui a enfreint la loi, mais elle ne doit pas exposer
ses mœurs en lui imposant un contact dangereux avec
des hommes qui peuvent être plus pervers que lui. —
2. La peine des travaux forcés n'a qu'une faible puissance préventive pour les malfaiteurs d'habitude : elle
est, pour eux, peu redoutable, tandis qu'elle dégrade et
qu'elle atteint très vivement celui qui a failli sans être
profondément corrompu. Il s'ensuit qu'elle agit en
sens inverse des besoins de la répression et de ce qui
serait utile et juste. — 3. Il est constant que la réclusion est plus redoutée des malfaiteurs que les travaux
forcés, quoiqu'elle soit placée à un degré inférieur dans
l'échelle établie par notre législation pénale. Il en résulte que les crimes que la loi considère comme moins
graves, sont réprimés par une peine qui est considérée,
en fait, comme plus forte (1).— 4. Enfin, la vie commune
et le contact avec toute sorte de malfaiteurs inflige à
ceux qui sont dans les bagnes ou dans les maisons centrales, une flétrissure si forte et inspire une méfiance si

---

(1) « L'ordre de la répression, dans les établissements de détention
en France, dit M. Charles LUCAS, est en sens inverse de la criminalité.
On est mieux au bagne que dans les maisons centrales, et les septua-
génaires eux-mêmes ne veulent plus profiter des dispositions de la loi
qui leur permettent d'aller dans ces dernières maisons. » *Théorie de
l'emprisonnement*, tom. III, p. 612.

grande, qu'ils sont partout repoussés lorsqu'ils rentrent dans la société et qu'ils se voient souvent dans l'impossibilité d'obtenir du travail pour pourvoir à leurs besoins. ═ La nécessité d'une réforme étant établie, il ne reste plus qu'à opter entre les moyens par lesquels on peut l'opérer.

Les idées de quelques publicistes paraissent en ce moment se diriger vers la création des COLONIES PÉNALES (1). L'établissement de ces colonies nécessiterait des dépenses énormes, en vue d'un succès très douteux. La transportation n'a qu'une faible puissance préventive, et est peu redoutée des malfaiteurs dont le caractère aventureux accepte volontiers les chances d'un exil dans des contrées lointaines où la surveillance sera moins étroite et où l'insubordination et la révolte pourront être plus difficilement comprimées.

Le système pénitentiaire paraît, au contraire, propre à remplacer avec avantage le régime des bagnes, des maisons centrales et des maisons de correction. Il peut s'adapter avec assez de facilité à la législation pénale qui nous régit. — Origine et histoire de l'emprisonnement solitaire.—Il fut appliqué au moyen-âge par l'Eglise (2). — Comment les Quakers le firent admettre dans la législation de l'Amérique du Nord.— Etablissement de la prison cellulaire de Walnut-Street à Philadelphie. — Le régime auquel les condamnés y sont soumis fixe en

---

(1) Voir un travail sur *la déportation considérée au point de vue général de la pénalité, et des résultats obtenus par ce système en Angleterre*, publié par M. HANTUTE dans la *Revue de Droit français et étranger*, année 1850, p. 678. — Voir aussi l'*Histoire des colonies pénales de l'Angleterre, en Australie*, par M. BLOSSEVILLE, 1831, in-8°.

(2) Voir ce que dit, sur ce point, M. GUIZOT, dans ses leçons sur l'*Histoire de la civilisation en Europe*, VI<sup>e</sup> leçon, p. 164 de l'édit. in-12, publiée par Didier.

Europe l'attention des réformateurs philanthropes (1). — Progrès du système pénitentiaire en Amérique. On l'introduit dans divers états de l'Union. — Les condamnés y sont soumis à trois régimes divers. = 1. *Ancien système de Philadelphie*, établi dans les pénitenciers de PITTSBURG et de CHERRY-HILL. — Emprisonnement solitaire. — Isolement absolu des condamnés jour et nuit sans communication entr'eux ou avec le dehors et sans travail. — Ce régime rigoureux amène le dépérissement de ceux qui y sont soumis ; ils sont en proie à un profond désespoir ; leurs facultés intellectuelles s'affaissent, plusieurs succombent ou tombent en état de démence. = 2. *Système d'Auburn* dans l'Etat de New-York. — Isolement des condamnés dans leurs cellules pendant la nuit. — Travail en commun dans des ateliers pendant le jour, avec obligation d'observer le silence. — Châtiments corporels (des coups de fouet) infligés à ceux qui enfreignent la loi du silence (2). = 3. *Nouveau système Pensylvanien* ou de *Philadelphie.* — Isolement absolu pendant le jour et pendant la nuit. — Travail en cellule

---

(1) M. de LAROCHEFOUCAULD-LIANCOURT avait publié, en l'an IV, à Paris, une intéressante notice, dans laquelle il signalait le régime de la prison de Philadelphie, en faisant ressortir ce qu'il offrait d'avantageux.

(2) « Le pouvoir discrétionnaire, en vertu duquel le moindre gardien d'Auburn et le dernier porte-clefs de Sing-Sing fouettent les détenus, est peu contesté aux Etats-Unis....... — La peine du fouet est usitée dans la marine américaine, qui n'y attache aucune idée d'infamie. Dans l'origine du système pénitentiaire, elle n'avait pas été admise comme moyen de discipline. Quand on l'introduisit dans les prisons, comme auxiliaire du règlement, quelques voix s'élevèrent pour la combattre ; mais cette opposition était plutôt une dispute de philosophie qu'une répugnance des mœurs. » *Système pénitentiaire aux Etats-Unis*, par MM. Gustave DE BEAUMONT et Alexis DE TOCQUEVILLE, Ire part., ch. 2, sect. 3, p. 135.

accordé comme remède contre l'ennui. = Les philanthropes de tous les pays vont visiter les pénitenciers des
Etats-Unis. — Introduction du système pénitentiaire
dans plusieurs pays de l'Europe.— Les essais qu'on en
fait ne réalisent pas partout ce qu'on s'en était pro-
mis (1). — On étudie l'emprisonnement américain en
France. Il y trouve des partisans nombreux.— Les nouvelles prisons qu'on y construit sont appropriées au
système pénitentiaire. = Projet de loi sur les prisons
présenté à la chambre des députés par le gouvernement
en 1840, dans le but d'établir le système pénitentiaire
(2). — Ce projet est renvoyé à une commission qui
l'examine et qui l'amende, mais il n'est pas discuté.
= Même projet de nouveau présenté avec des modifications à la chambre des députés en 1843. — Rapport
fait, au nom de la commission à laquelle il avait été
renvoyé, par M. Tocqueville, à la séance du 5 juillet
1843 (3).— Ce projet est adopté avec des amendements.
— Il est porté à la chambre des pairs (4), qui demande
que les cours royales soient consultées. — Les cours
donnent leurs observations. — Nouveau projet présenté
à la chambre des pairs, le 27 janvier 1847, par le ministre de l'intérieur (5).— Rapport de M. Béranger, au nom
de la commission à laquelle il avait été renvoyé, fait à
la séance du 24 avril 1847 (6). — Le projet ne fut pas

---

(1) Dans le canton de Vaud, en Suisse, par exemple, on fut obligé,
en 1843, de se départir des rigueurs de l'isolement des condamnés, qui
n'avait produit que des résultats désastreux. V. la *Revue de Droit
français et étranger* de l'année 1844, p. 159.
(2) Moniteur du 10 mai 1840, p. 1001.
(3) Moniteur du 6 juillet 1843, supplément A au n° 187, p. I.
(4) Moniteur du 13 juin 1844, p. 1724.
(5) Moniteur du 30 janvier 1847, p. 173.
(6) Moniteur du 1er mai 1847, p. 1006.

discuté dans cette session, et les événements politiques de l'année 1848 laissèrent dans cet état la question pénitentiaire.

Bases du dernier projet amendé par la commission de la chambre des Pairs (1). — Il consacre le nouveau système Pensylvanien, avec quelques adoucissements. — Les condamnés subiront l'emprisonnement solitaire la nuit et le jour avec le travail dans leur cellule. — Ils n'auront entre eux aucune communication, mais ils seront visités par le ministre de leur culte, et au moins une fois par semaine, par le médecin et par l'instituteur. Les membres des associations de charité et de patronage régulièrement instituées, les parents et toute autre personne, auront aussi *accès* auprès d'eux, lorsqu'ils en obtiendront l'autorisation du préfet ou de son délégué (2). — La lecture et le travail ne pourront être refusés aux condamnés qu'à titre de punition temporaire. — Une heure, au moins, d'exercice en plein air sera accordée tous les jours à chacun d'eux. = Le projet organise, sur ces bases, des *maisons de travaux forcés*, placées sur les côtes de la France, ou dans les îles dépendant du territoire continental, ou en Algérie, des *maisons de réclusion*, des *maisons correctionnelles* pour ceux qui ne sont condamnés qu'à l'emprisonnement. — Des *maisons spéciales*

---

(1) Voir ce projet, à la suite du rapport de M. Béranger, dans le *Moniteur* du 1er mai 1847, p. 1016.

(2) L'art. 36 du projet contient les dispositions suivantes : « Chaque jour il sera réservé, savoir : aux condamnés aux travaux forcés, une heure au moins, aux condamnés à la réclusion, une heure et demie au moins, et aux condamnés à l'emprisonnement, deux heures au moins, pour les visites ci-dessus indiquées, pour l'école ou pour la lecture des livres dont le choix sera déterminé par le préfet, sur la proposition de la commission de surveillance. »

sont destinées aux femmes. — Au moyen de ces dispositions, l'établissement du système pénitentiaire s'adapte aux peines de diverse nature, qui sont établies dans le Code pénal et n'en change pas l'économie. La punition de chaque classe de condamnés, diffère par la rigueur plus ou moins étroite de l'isolement, par la portion plus ou moins forte du produit de leur travail qui leur est allouée et par la durée de leur peine (1).

Appréciation du système *pénitentiaire*. — Sans exagérer les résultats qu'on doit espérer de l'emprison-

---

(1) Le Code pénal du 25 septembre 1791 avait consacré, dans la peine de la *gêne*, l'emprisonnement solitaire. Cette peine, qui n'était établie que pour un certain nombre de crimes fut prononcée par les tribunaux, mais ne fut pas toujours subie par les condamnés, parce qu'on n'avait pas alors de prisons appropriées au régime qu'elle nécessitait. Il n'est pas sans intérêt de voir comment l'assemblée constituante avait organisé l'emprisonnement solitaire qu'on propose aujourd'hui de donner pour base à notre législation pénale. Voici les dispositions du Tit. 1er de la 1re partie du Code du 25 septembre 1791, qui y sont relatives : Art. 14. « Tout condamné à la peine de la gêne sera enfermé seul, dans un lieu éclairé, sans fers ni liens; il ne pourra avoir, pendant la durée de sa peine, aucune communication avec les autres condamnés, ou avec des personnes du dehors. » — Art. 15. « Il ne sera fourni au condamné à la dite peine que du pain et de l'eau aux dépens de la maison; le surplus sera le produit de son travail. » — Art. 16. « Dans le lieu où il sera détenu, il lui sera procuré du travail, à son choix, dans le nombre des travaux qui seront autorisés par les administrateurs de la dite maison. » — Art. 17. « Le produit de son travail sera employé ainsi qu'il suit : — un tiers sera appliqué à la dépense commune de la maison; — sur une partie des deux autres tiers, il sera permis au condamné de se procurer une meilleure nourriture ; — le surplus sera réservé pour lui être remis au moment de sa sortie, après que le temps sera expiré. » — Art. 18. « Il sera statué, par un décret particulier, dans quel nombre et dans quels lieux seront formés les établissements destinés à recevoir les condamnés à la peine de la gêne. » = La peine de la gêne n'ayant pas été reproduite dans le Code pénal de 1810, se trouva abolie lorsque ce Code fut en vigueur.

nement solitaire, on peut constater qu'il offre les avantages suivants. — 1. S'il n'est pas certain qu'il produise toujours une réaction morale salutaire dans l'âme du coupable, il le protége au moins contre la contagion qu'engendre la vie commune dans les lieux actuels de détention. — 2. L'idée de l'emprisonnement dans une cellule effraie les malfaiteurs, et est douée, à leur égard, d'une puissance d'intimidation beaucoup plus grande que celle que possèdent les peines actuellement en vigueur. — 3. Le système pénitentiaire, en isolant les condamnés, brise leurs habitudes, rompt les rapports qu'ils avaient établis entre eux et met obstacle à ces associations et à ces complots dangereux, qui se forment si souvent dans les lieux mêmes de détention. — 4. Enfin la voix de la religion et de la morale trouvera un accès plus facile pour arriver au cœur du condamné, lorsqu'il sera seul, livré à ses propres pensées et lorsqu'il n'aura des rapports qu'avec des personnes dont le dévouement lui donnera une haute idée de la vertu. — En nous résumant, nous trouvons que le système pénitentiaire met certainement obstacle à la perversion du condamné, peut offrir quelques chances de produire son amélioration morale, et le rend à la société sans être atteint de cette flétrissure profonde que lui imprime la vie commune des lieux actuels de détention. Son succès, s'il est adopté, dépendra beaucoup des moyens d'exécution que l'administration devra organiser avec sagesse et de manière à assurer, à l'égard de tous, la stricte application des mesures prescrites par le législateur.

Des écrits très nombreux ont été publiés, de nos jours, sur le système pénitentiaire. Nous croyons devoir indiquer les principaux :

ALAÜZET, *essai sur les peines et les systèmes pénitentiaires*, ouvrage couronné par l'Institut académique des sciences morales et politiques, in-8°, 1842. = DE BEAUMONT (Gustave) et DÉ TOCQUEVILLE (Alexis), *système pénitentiaire aux Etats-Unis, et de son application en France, suivi d'un appendice sur les colonies pénales et de notes statistiques*, 3e édition, augmentée d'une introduction, suivie du rapport de M. de Tocqueville sur la réforme des prisons, et du texte de la loi adoptée par la chambre des députés le 18 mai 1844, grand in-12, Paris, Gosselin, libraire, 1845. = FAUCHER (Léon), *de la Réforme des prisons*, 1838, in-8°. = LUCAS (Charles), inspecteur général des prisons, *du système pénitentiaire en Europe et aux Etats-Unis*, ouvrage auquel l'académie a décerné le grand prix Monthyon, 1834, 3 vol. in-8°. — *De la Réforme des prisons ou de la théorie de l'emprisonnement*, 1838, 3 vol. in-8°. = MOREAU-CHRISTOPHE, inspecteur général des prisons de France, *de l'état actuel des prisons en France, considéré dans ses rapports avec la théorie pénale du Code*, 1837, in-8°. — *De la Réforme des prisons en France, basée sur la doctrine du système pénal et le principe de l'isolement individuel*, 1837, in-8° — *Revue pénitentiaire et des institutions préventives*, 1844, in-8°. = REVUE DE LÉGISLATION ET DE JURISPRUDENCE, année 1847, tome III, p. 184 et 306; année 1848, tome Ier, p. 89, *Travaux du congrès pénitentiaire, réuni à Bruxelles au mois de septembre 1847*, sous la présidence de M. Van-Meenen, président à la cour de cassation de la Belgique.

FIN DES PROLÉGOMÈNES.

# APPENDICE

---

## DOCUMENTS RELATIFS A L'HISTOIRE DU DROIT CRIMINEL.

## I.

## DROIT ROMAIN.

### 1. PROCÈS DU JEUNE HORACE.

#### Récit de TITE-LIVE, Liv. I, cap. 26.

. . . . . « Atrox visum id facinus Patribus plebique; sed recens meritum facto obstabat ; tamen raptus in jus ad regem. Rex , ne ipse tam tristis ingratique ad vulgus judicii, aut secundùm judicium, supplicii auctor esset, concilio populi advocato, « Duumviros, inquit, qui Horatio perduellionem judicent, secundum legem facio. » Lex horrendi carminis erat (1) : « Duumviri perduellionem judicent. Si a duumviris provocârit, provocatione certato ; si vincent, caput obnubito ; infelici arbori reste suspendito ; verberato vel intra pomærium vel extra pomærium. » Hac lege duumviri creati, qui se absolvere non rebantur eâ lege, ne innoxium quidem, posse, quum condemnâssent : tum alter ex his : « P. Horati, tibi perduellionem judico, inquit, I, lictor, colliga manus. » Accesserat lictor, injiciebatque laqueum. Tunc Horatius, auctore Tullo, clemente legis interprete : « Provoco, » inquit. Ita de provocatione certatum ad populum est. Moti homiues sunt in eo judicio, maxime P. Horatio patre proclamante, se filiam jure cæsam

---

(1) La formule de la loi était terrible.

judicare : ni ita esset, patrio jure in filium animadversurum fuisse. Orabat deinde ne se, quem paulo ante cum ægregiâ stirpe conspexissent, orbum liberis facerent. Inter hæc senex, juvenem amplexus, spolia Curiatiorum fixa eo loco, qui nunc Pila Horatia appellatur, ostentans : « Hunccine, aiebat, quem modo decoratum ovantemque victoria incedentem vidistis, Quirites, eum sub furca vinctum inter verbera et cruciatus videre potestis ? Quod vix Albanorum oculi tam deforme spectaculum ferre possent. I, lictor, colliga manus, quæ paulo ante armatæ imperium populo Romano pepererunt. I, caput obnube liberatoris urbis hujus; arbori infelici suspende : verbera, vel intra pomœrium, modo inter illa pila et spolia hostium ; vel extra pomœrium, modo inter sepulcra Curiatiorum. Quo enim ducere hunc juvenem potestis, ubi non sua decora eum a tantâ fœditate supplicii vindicent ? » Non tulit populus nec patris lacrymas, nec ipsius parem in omni periculo animum : absolveruntque admiratione magis virtutis, quam jure causæ. Itaque, ut cædes manifesta aliquo tamen piaculo lueretur, imperatum patri, ut filium expiaret pecunia publica. Is, quibusdam piacularibus sacrificiis factis, quæ deinde genti Horatiæ tradita sunt, transmisso per viam tigillo, capite adoperto, velut sub jugum misit juvenem. Id hodie quoque publice semper refectum manet. Sororium tigillum vocant. Horatiæ sepulcrum, quo loco corruerat icta, construc-tum est saxo quadrato.

## 2. ORIGINE DES QUÆSTIONES.

**POMPONIUS, frag. 2, § 23, Dig. de origine juris.**

« Et quia, ut diximus, de capite civis romani injussu populi, non erat lege permissum consulibus, jus dicere : propterea quæstores constituebantur à populo, qui capitalibus rebus præessent : hi appellabantur *quæstores parricidii* (1) : quorum etiam meminit lex XII tabularum.

---

(1) « Prosus diversi ab iis *quæstoribus*... qui à pecunia quærenda sic dicti sunt : hi vero à *quæstionibus;* quasi QUÆSITORES (inquisiteurs) RERUM CAPITALIUM. *Quæstionum* enim nomine significantur ea judicia quibus exercebatur jus gladii, id est, inquirendi et animad-

**CICERO, Brutus sive dialogus de claris oratoribus, cap. 27.**

« Hic (Carbo) optimus, illis temporibus, ut patronus habitus, eoque forum tenente plura fieri judicia cæperunt : nam et quæstiones perpetuæ (1) hoc adolescente constitutæ sunt, quæ antea nullæ fuerunt (L. enim Piso, tribunus plebis, legem primus de pecuniis repetundis, Censorino et Manilio consulibus, tulit : ipse etiam Piso et causas egit, et multarum legum aut auctor, aut dissuasor fuit ; isque et orationes reliquit, quæ jam evanuerunt, et annales sane exiliter scriptos) ; et judicia populi, quibus aderat Carbo, jam magis patronum desiderabant, tabella data (2) ; quam legem L. Cassius, Lepido et Mancino consulibus, tulit. »

### 3. LES LOIS VALERIA ET PORCIA.

**CICERO, de Republica, lib. II, cap. 31.**

« Idemque (P. Valerius), in quo fuit Publicola Maxime, legem ad populum tulit eam, quæ centuriatis comitiis prima lata est, ne quis magistratus civem romanum adversus provocationem (3) necaret, neve

---

vertendi in facinorosos homines : *parricida* autem est, qui quemvis hominem occiderit ; ex illa lege Numæ : SI QUIS *hominem liberum dolo sciens morti duit, parricida esto.* ( FESTUS in voce PARICI ). Cum autem auctiori adhuc sensu, *parricidii* vocabulo omnis criminum contineretur atrocitas ; hæc appellatio et ad cætera crimina capitalia producebatur. » POTHIER , *Pandect.*, Lib. I., Tit. 2, § 18, Not. *C.*

(1) *Quæstiones perpetuæ*, les tribunaux permanents.

(2) *Tabella data ;* le vote au scrutin secret au moyen des tablettes qui étaient remises aux juges jurés. Cicéron constate ailleurs que les condamnations furent moins nombreuses, lorsque les *leges tabellariæ* eurent introduit le scrutin secret, parce que le trafic honteux des suffrages put s'exercer plus librement. « Eoque nunc fit illud, ut minus multos tabella condemnet, quam solebat vox. » *De Legibus*, III, 17.— Voir, sur ce point, MONTESQUIEU, *Esprit des lois*, liv. II, ch. 2.

(3) Appel au peuple.

verberaret. Provocationem etiam à regibus fuisse declarant pontificii libri, significant nostri etiam augurales; itemque ab omni judicio pænaque provocari licere, indicant xii tabulæ compluribus legibus : ut, quod proditum memoriæ est, x viros, qui leges scripserint, sine provocatione creatos, satis ostenderit, reliquos sine provocatione magistratus non fuisse; Luciique Valerii Potiti et M. Horatii Barbati, hominum concordiæ causa sapienter popularium consularis lex sanxit, ne qui magistratus sine provocatione crearetur. Neque vero leges Porciæ, quæ tres sunt trium Porciorum, ut scitis, quidquam præter sanctionem attulerunt novi. Itaque Publicola, lege illa de provocatione lata, statim secures de facibus demi jussit. »

**TITE-LIVE, liv. x, ch. 9.**

« Eodem anno M. Valerius consul de provocatione legem tulit, diligentius sanctam. Tertio ea tum post reges exactos lata est, semper à familia eadem. Causam renovandæ sæpiùs haud aliam fuisse reor, quam quod plus paucorum opes, quam libertas plebis, poterant. Porcia tamen lex sola pro tergo civium lata videtur : quod gravi pæna, si quis verberasset necassetve civem romanum, sanxit. Valeria lex, quum eum, qui provocasset, virgis cædi, securique necari vetuisset, si quis adversus ea fecisset, nihil ultra, quam improbe factum, adjecit. Id (qui tum pudor hominum erat) visum, credo, vinculum satis validum legis ; nunc vix serio ita minetur quisquam. »

## 4. LE CRIME DE LEZE-MAJESTÉ.

**TACITE, Annales, liv. I, chap. 72.**

«.... Legem majestatis reduxerat (Tiberius) ; cui nomen apud veteres idem, sed alia in judicium veniebant : si quis proditione exercitum, aut plebem seditionibus, denique, male gesta republica, majestatem populi romani minuisset : facta arguebantur, dicta impune erant. Primus Augustus cognitionem de famosis libellis, specie legis ejus, tractavit, commotus Cassii Severi libidine, qua viros feminasque illustres procacibus scriptis diffamaverat. Mox Tiberius, consultante Pompeio Macro, prætore, an judicia majestatis redderentur, exercendas leges esse respondit. Hunc quoque asperavere carmina, incertis auctoribus vulgata, in sævitiam superbiamque ejus, et discordem cum matre animum. »

### SUÉTONE, Vie de Tibère, chap. 58.

LVIII. Sub idem tempus, consulente prætore, an judicia majestatis cogi juberet, exercendas esse leges respondit, et atrocissime
exercuit. Statuæ quidam Augusti caput demserat, ut alterius impone-
ret. Acta res in senatu, et quia ambigebatur, per tormenta quæsita
est. Damnato reo, paulatim hoc genus calumniæ eo processit, ut
hæc quoque capitalia essent : circa Augusti simulacrum servum ceci-
disse, vestimenta mutasse, nummo vel annulo effigiem impressam la-
trinæ aut lupanari intulisse, dictum ullum factumve ejus existimatione aliqua læsisse. Periit denique et is, qui honorem in colonia sua
eodem die decerni sibi passus est, quo decreti et Augusto olim erant.

# II.

# DROIT DES ANCIENS FRANCS.

## LES COMPOSITIONS.

### Dispositions extraites de la loi salique (1).

#### TITULUS XXXI .

## De debilitatibus (2).

1. Si quis alteri manum aut pedem truncaverit, vel oculum effo-
dierit, aut auriculam vel nasum amputaverit, IVM dinariis, qui faciunt solidos C, culpabilis judicetur.

---

(1) La loi salique offre un recueil des anciennes coutumes des Francs
Saliens, rédigé en latin sous les rois de la première et de la seconde
race. Il existe un grand nombre de manuscrits de la loi salique, qui
présentent des variantes nombreuses. Le texte que nous donnons ici
est extrait de la *Lex reformata* révisée sous Charlemagne. Nous le
prenons dans le recueil de M. Pardessus.

(2) *Des Mutilations.*

2. Si vero manus ipsa ibidem mancata pependerit, MDCCC dinariis, qui faciunt solidos XLV, culpabilis judicetur.

3. Si manus ipsa perexcussa fuerit, MMD dinariis, qui faciunt solidos LXII cum dimidio, culpabilis judicetur.

4. Si quis pollicem de manu vel˘ pede excusserit, MDCCC dinariis, qui faciunt solidos XLV, culpabilis judicetur.

5. Si vero ipse pollix mancatus pependerit, MCC dinariis, qui faciunt solidos XXX, culpabilis judicetur.

6. Si secundum digitum, quo sagittatur, excusserit, MCCCC dinariis qui faciunt solidos XXXV, culpabilis judicetur.

7. Si quis tres sequentes digitos pariter uno ictu excusserit, MDCCC dinariis qui faciunt solidos XLV, culpabilis judicetur.

8. Si quis medium digitum excusserit, DC dinariis qui faciunt solidos XV, culpabilis judicetur.

9. Si quis quartum digitum excusserit, DC dinariis, qui faciunt solidos XV, culpabilis judicetur.

10. Si minimum excusserit, similiter DC dinariis, qui faciunt solidos XV, culpabilis judicetur.

11. Si quis pedem alterius capulaverit, et ibidem mancatus remanserit, MDCCC dinariis, qui faciunt solidos XLV, culpabilis jujudicetur.

12. Si vero ipse perexcussus fuerit, MMD dinariis, qui faciunt solidos LXII cum dimidio, culpabilis judicetur.

13. Si quis alteri oculum evellerit, MMD dinariis, qui faciunt solidos LXII cum dimidio, culpabilis judicetur.

14. Si nasum excusserit, MDCCC dinariis, qui faciunt solidos XLV, culpabilis judicetur.

15. Si auriculam excusserit, DC dinariis, qui faciunt solidos XV, culpabilis judicetur.

16. Si quis linguam alterius amputaverit, ut loqui non possit, IVM dinariis qui faciunt solidos C, culpabilis judicetur.

17. Si quis dentem excusserit, DC dinariis, qui faciunt solidos XV, culpabilis judicetur.

18. Si quis ingenuus ingenuum castraverit, aut virilia truncaverit, ut mancus fiat, IVM dinariis, qui faciunt solidos C, culpabilis judicetur.

19. Si vero ad integrum tulerit, VIIIM dinariis, qui faciunt solidos CC, culpabilis judicetur.

## TITULUS LXI.

## *De chrenechruda* (1).

Si quis hominem occiderit, et in tota facultate sua non habuerit, unde legem totam implere valeat, duodecim juratores donet, ut nec super terram, nec sub terra, amplius de facultate non habeat, nisi quod donatum habet. Postea intrare debet in casam suam, et de quatuor angulis de terra illa in pugno suo colligat, et stare in durbilo, hoc est in liminare, et intus captare, et cum sinistra manu, de illa terra ultra suas scapulas jactare, super quem proximiorem parentem habet (2). Quod si jam pater, aut mater, vel fratres solverunt (3), tunc super sororem matris, aut super suos filios, debet illam terram jactare ; id est, super tres de generatione matris qui proximiores sunt. Et postea, in camisa discinctus, et discalciatus, cum palu in manu supra sepem salire debet (4), ut pro medietate quantum de compositione diger est, aut quantum lex judicat, illi tres solvant (5). Idem, illi alii qui de paterna generatione veniunt, facere debent. Si vero aliquis ex illis pauperior fuerit, et non habet unde ad integrum debitum solvat, quicumque de illis amplius habet, iterum super illum chrenechruda, ille qui pauperior est, jactet, et ille totam legem componat. Quod si nec ipse habuerit ut totam legem persolvat, tunc illum qui homicidium fecit, ille qui eum in

---

(1) Ce mot exprime les formalités symboliques, au moyen desquelles celui qui ne peut pas acquitter la composition fait l'abandon de ses biens à ses parents, qui la paient pour lui.

(2) Il entrera chez lui et prendra de sa main de la terre recueillie aux quatre coins de sa maison. Il se placera ensuite debout, sur le seuil de la porte, le visage tourné vers l'intérieur, et, de la main gauche, il jettera cette terre pardessus ses épaules sur son plus proche parent.

(3) S'ils ont donné tout ce qu'ils avaient.

(4) Il doit, déchaussé, en chemise et sans ceinture, franchir, à l'aide d'un pieu, la haie d'enceinte dont sa maison est entourée.

(5) Afin que ces trois parents paient ce qui manque pour achever d'acquitter la composition, telle qu'elle est fixée par la loi.

fide sua habet, per quatuor mallos præsentem faciat (1). Et si eum nullus suorum per compositionem voluerit redimere, de vita componat (2).

TITULUS LXIII.

## De eo qui se de parentilla tollere voluerit (3).

1. Si quis de parentilla tollere se voluerit, in mallo ante Tunginum, aut Centenarium (4), ambulet ; et ibi quatuor fustes alninos super caput suum frangat; et illas quatuor partes, in mallo jactare debet, et ibi dicere, ut et de juramento, et de hæreditate, et de tota illorum se ratione tollat (5).

2. Et si postea aliquis de parentibus suis, aut moritur, aut occiditur, nihil ad eum de ejus hæreditate, vel de compositione, pertineat.

_____

(1) Le créancier qui a le meurtrier sous sa garde, le présentera à quatre *malls* (assemblées) successifs, afin que ceux qui voudraient le racheter puissent se présenter. Cette disposition rappelle celle de la loi des douze tables, qui voulait que le créancier romain exposât son débiteur pendant trois marchés en faisant crier le montant de la dette. (V. AULU-GELLE, *Nuits attiques*, XX, 1.)

(2) Qu'il soit mis à mort ou qu'il devienne l'esclave du créancier. Presque toujours un accommodement intervenait parce que l'offensé avait, en général, peu d'intérêt à la mort du coupable et trouvait beaucoup plus avantageux de le prendre pour esclave.

(3) De celui qui veut rompre les liens civils qui l'unissent à sa famille.

(4) Le *Tungin*, en latin *centenarius*, était un lieutenant du comte (*comes*) dont l'autorité ne s'exerçait probablement que dans un ressort peu étendu. (V. de SAVIGNY, *Histoire du Droit romain au Moyen-Age*, tome Ier, pag. 184, de la traduction de M. Guenoux.)

(5) Celui qui veut rompre les liens qui l'unissent à sa famille, se présente au Mall, devant le tongin ou centenier : il brise au-dessus de sa tête quatre branches d'aulne et les jette en morceaux aux quatre coins de l'assemblée, en présence de tout le monde. Puis, il doit dire qu'il renonce à l'obligation du serment, aux droits d'hérédité et à tous les rapports qui l'unissent à sa famille.

3. Si autem ille occiditur, aut moritur, compositio aut hæreditas ejus non ad hæredes ejus, sed ad fiscum, pertineat, aut cui fiscus dare voluerit.

## TITULUS LV.

## *De manu ab æneo redimenda* (1).

1. Si quis ad æneum mallatus fuerit (2), et forsitan convenerit, ut ille qui admallatus est manum suam redimat, et juratores donet; si talis causa est, de qua legitime si convictus fuisset, DC dinarios, qui faciunt solidos XV, conponere debeat, tunc CXX dinariis, qui faciunt solidos III, manum suam redimat.

2. Si vero plus ad manum suam redimendam dederit, fredus grafioni solvat, tanquam si de ipsa causa convictus fuisset.

3. Si vero talis causa fuerit, de qua si convictus fuisset, MCCCC dinarios, qui faciunt solidos XXXV, debuisset solvere, et convenit ut manum suam redimat, et juratores donet, IX solidis manum suam redimat.

4. Quod si amplius dederit, fredus grafioni solvat, tanquam si de ipsa causa convictus fuisset.

. . . . . . . . . . .

. . . . . . . . . . .

## TITULUS LXIX.

## *De eo qui hominem de bargo, vel de furca demiserit* (3).

. . . . . . . . . .

. . . . . . . . . .

3. Si quis caput hominis, quod inimicus suus in palo miserit, sine

---

(1) De celui qui veut racheter sa main de l'épreuve de l'eau bouillante.

(2) *Ad æneum mallatus fuerit*, a été cité devant le Mall pour se soumettre à l'épreuve de l'eau bouillante. *Ad æneum*, id est ut manum mittat ad caldariam (la chaudière).

(3) De celui qui a détaché un homme du gibet ou de la potence.

permissu judicis, aut illius qui eum ibi posuit, tollere præsumpserit, DC dinariis, qui faciunt solidos XV, culpabilis judicetur (1).

# III.

## EPOQUE FÉODALE.

I. GUERRES PRIVÉES. — LA QUARANTAINE LE ROI.

### Philippe de BEAUMANOIR au Ch. LX des Coutumes du Beauvoisis (XIIIᵉ siècle).

13. « Trop malvese coustume soloit quorre, en cas de guerre, el roiame de France; car, quant aucuns fes -avènoit de mort, de mehaing (2) ou de bature, cil à qui le vilonie avoit esté fète, regardoit aucun des parens à cix qui li avoit fet le vilonie et qui manoient loins du liu là u li fes estoit fes, si que il ne savoient riens du fet; et puis alloient là, et sitost comme ils le trovoient, il l'ocioient, ou mehaignoient, ou batoient, ou en fesoient toute lor volenté, et de cil qui garde ne s'en donoit et qui ne savoit riens. Et por les grans perix qui en avenoient, li bons rois Phelipes (3) en fist un establissement, tel que quant aucuns

---

(1) Ce texte atteste que la vengeance privée s'exerçait sous la protection de la loi. Le Franc qui avait tué son ennemi faisait de sa tête un trophée qu'il plaçait sur un pieu devant sa demeure. Celui qui enlevait cette tête sans y être autorisé, encourait une amende de quinze sous d'or.

(2) *Mehaing (mehenium)*, blessure, mutilation.

(3) Philippe-Auguste. Il existe sur les guerres privées une autre ordonnance attribuée à saint Louis. (V. le *Recueil des Ordonnances des rois de la troisième race*, dit *du Louvre*, au tom. Iᵉʳ, pag. 56 : — Ce

fes est avenus , cil qui sunt au fet présent, se doivent bien garder puis
le fet. Ne vers cix, ne quort nule trive, devant qu'ele est prise par justice ou par amis. Mais toz li lignages de l'une partie et de l'autre qui
ne furent au fet présent, ont par l'establissement le Roi quarante jors
de trives, et puis les quarante jors, il sunt en le guerre. Et par ces quarante jors ont li lignage loisir de savoir ce qui avient en lor lignage, si
ques il se puissent porveoir ou de guerroier, ou de porcacier asseure-
ment (1), trives, ou pes (*paix*). »

. . . . . . . . . . . . . . . . . . . .
. . . . . . . . . . . . . . . . . . . .

15. Quant aucuns se venge de ce c'on li fet à aucun de cex qui ne
furent pas au fet, dedens les quarante jors qu'ils ont trives, par l'establissement dessus dit, on ne le doit pas apeler vengance, mais traïson ;
et por ce cil qui en ceste maniere meffont, doivent estre justicié; en
tel maniere que s'il y a home mort, il doivent estre trainé et pendu,
et doivent perdre tout le lor ; et s'il n'y a fors bature, il doit avoir longe
prison. Et est l'amende à le volenté du Segneur de le terre qui tient
en baronnie, car ce n'est pas resons que nuz sires desoz celi qui tient
en baronnie, ait l'amende des trives enfraintes ou qui sont données du
sovrain, ains en apartient l'amende et le connissance du meffet au
conte. »

_____

recueil forme 20 volumes in-folio qui ont été successivement publiés : 1°
par le savant Laurière (1 vol., 1723); 2° par Secousse (7 vol. de 1729
à 1750); 3° de Villevaut (1 volume, publié en 1775, d'après le manus-
crit laissé par Secousse) ; 4° de Bréquigny, associé à M. de Villevaut,
mais en réalité travaillant seul (5 vol. de 1763 à 1790); 5° après la création de l'Institut, M. de Pastoret (6 vol., de 1811 à 1841).

(1) « Assurance donnée de ne point poursuivre la vengeance d'un
méfait. L'*assurement*, dit M. BEUGNOT, était un moyen employé pour
rendre moins funeste le droit de guerre privée, que le régime féodal et
les mœurs plaçaient au premier rang des prérogatives seigneuriales. Le
grand nombre d'arrêts sur cette matière qui se trouve dans les *Olim*
(t. 1 et 2, table des matières, au mot *assecurationes*), montre que la
couronne s'attachait, avec la persistance la plus louable, à combattre
partout un préjugé dont les conséquences étaient destructives de tout ordre et de toute autorité. Dans leurs querelles, les bourgeois étaient aussi
soumis à l'assurement. » Note *a* sur Beaumanoir, au tom. 2, p. 364.

## 2. LE COMBAT JUDICIAIRE.

**Ordonnance de SAINT LOUIS des Octaves de la Chandeleur de l'année 1260, touchant les batailles ou les duels, et la preuve par témoins (1).**

1. « Nous deffendons à tous les batailles par tout nostre domengne, més nous n'ostons mie les *clains*, les *respons*, les *convenants* (2) ne tous autres convenants que l'en a fait en court laie, siques à ore, selon les usages de divers pays, fors que nous ostons les *batailles*, et en lieu des batailles, nous meton prüeves de temoins, et si n'oston pas les autres bones prüeves et loyaux, qui ont esté en court laye siques à ore. »

2. « Nous commandons que se aucun veut appeler aucun de multre, que il soit ois, et quant il voudra faire sa clameur (3), que l'en li die, se tu veux appeler de multre tu seras ois, mes il convient que tu te lies à tel paine souffrir comme ton adversaire souffreroit, se il estoit attaint. Et sois certain que tu n'auras point de bataille, ains te conviendra preuver par témoins, come il te plest à preuver tout quant que tu connoitras, que aidier te dois, et si vaille ceu qui te doit valoir, quar nous t'oston nulle prüeve qui ait esté recheüe en court laie siques à ores, fors la bataille, et saches bien que ton adversaire pourra dire contre tes témoins. »

8. « Se aucun veut *fausser jugement* (4), ou païs, ou il appartient que jugement soit faussé, il n'i aura point de bataille, més

---

(1) *Recueil des Ordonnances des rois de la troisième race*, tom. Iᵉʳ, pag. 86.

(2) *Clains* (clamores), plaintes en matière criminelle, demandes en matière civile. — *Respons*, défenses. — *Convenans* (lisez *contremans*). Le contremant était le motif invoqué pour différer l'ajournement.

(3) *Faire sa clameur*, intenter son accusation.

(4) *Fausser jugement* (falsare judicium), soutenir qu'un jugement est *faux* ou *mal et iniquement rendu*, appeler.

les clains, et les respons, et les autres destrains de plet seront apportez en nostre Court, et selon les erremens du plet, l'en fera depécier le jugement ou tenir, et cil qui sera trouvé en son tort, l'amendera selon la coûtume de la terre. »

9. « Se aucuns veut appeler son seigneur de *deffaute de droit*, (1) il convendra que la deffaute soit prouvée par tesmoins, non par bataille. Ainsi que se la deffaute n'est prouvée, cil qui appelera le seigneur de la deffaute, il saura tel dommage comme il doit, par l'usage du païs. Et se la deffaute est prouvée, li sire l'amendera, et perdra ce que l'en li doit, par la coûtume del païs, et de la terre. »

11. « Se aucun est attaint, ou repris de faux tesmoignage és querelles dessus dites, il demourra en la volenté de la justice.

12. « Et ces batailles nous ostons en nostre demaigne à toujours, et voulon que les autres choses soient gardées, tenües par tout nostre domaigne, si comme il est devisé dessus, en telle manière que nous y puissons mettre et oster, et amander toutes les foys que il nous plera, et que nous voirron que bien soit. »

### Ordonnance de Philippe IV dit le BEL, touchant les duels et gages de bataille, donnée à Paris le mercredi après la Trinité 1306 (2).

« Phelippe par la grace de Dieu Roy de France, à tous ceux qui ces présentes lettres verront, *salut*. Savoir faisons, que comme ença en arrière, pour le commun prouffit de nostre Royaume, nous eussions deffendu généralement à tous nos subjets, toutes manières de guerre, et tous gaiges de bataille, dont plusieurs malfaicteurs se sont advancés par la force de leurs corps, et faux engins, à faire homicide, trahisons, et tous autres malefices, griefs et excès, pour ce que quand ils les avaient faits couvertement et en repost, ils ne pouvoient estre convaincus par tesmoins, dont par ainsi le male-

_____

(1) *Appeler de défaute de droit*, c'est se pourvoir devant le suzerain de son seigneur pour déni de justice.

(2) *Recueil des ordonnances*, tome 1er, p. 435.

fice demeuroit impuni (1), et ce que en avons fait, est pour le commun prouffit et salut de nostre Royaulme ; Mais pour oster aux
mauvais dessus dit toute cause de malfaire, nous avons nostre dessus
dite deffense attemperée par ainsi, que là où il apperra évidemment
homicide, trahison, ou autres griefs, violences, ou malefices, excepté
larrecin, parquoy peine de mort s'en deust ensuivir, secretement
ou en repos, si que celuy qui l'auroit fait, ne peust estre convaincus par témoins, ou autre manière suffisante. *Nous voulons*
que en deffaut d'autre poinct, celuy, ou ceux qui par indices, ou
présomptions semblables à vérité pour avoir ce fait, soient de tels
faicts suspicionnez, appelez et cités à gaiges de bataille, et souf-
frons quant à ce cas les gaiges de bataille avoir lieu, et pour ce
que à celle justice tant seulement nous attrempons nostre deffence
dessus dite ès lieux et ès termes, esquels les gaiges de bataille
n'avoient lieu devant nostre dite deffense, car ce n'estoit mie nostre
intention, que cette deffense fust rappelée ne attempérée à nuls
cas passez, devant, ne après la date de nos présentes lettres, des-

---

(1) Le combat judiciaire était trop profondément enraciné dans les
mœurs et dans les institutions féodales de toute l'Europe, pour que les
ordonnances pussent l'extirper. Philippe le Bel prit le parti sage de
le réglementer. Sa suppression, dans les domaines du roi, avait bien
pu, comme il le rapporte, enhardir les malfaiteurs qui se promettaient
l'impunité de l'absence de tous témoignages. On trouve dans un
Code célèbre d'Alphonse X roi de Léon et de Castille (*Las siete par-
tidas*), des dispositions nombreuses sur les combats judiciaires. Voici
la traduction de la loi 1re du tit. IV de la VIIe partie de ce Code qui
fut rédigé dans la seconde moitié du XIIIe siècle : « *ce que c'est que
le combat judiciaire, pourquoi on l'inventa, quelle en est l'utilité, et
combien d'espèces il y en a.* Suivant la coutume de l'Espagne, le combat judiciaire en champ clos est un *mode de preuve* que le roi ordonne,
sur la requête qui lui est présentée, et que les parties préfèrent à toutes
les autres mesures qu'il pourrait prescrire. La raison pour laquelle
on inventa le combat en champ clos, c'est que les gentilshommes Es-
pagnols trouvèrent qu'il leur était préférable de défendre leurs droits
et leur honneur par les armes, que de les commettre à des enquêtes
et à de faux témoignages. Il y a en cela utilité, car il arrive souvent
qu'on s'abstient de beaucoup de choses pour ne pas s'exposer aux dangers d'un duel. Il y a deux espèces de combats judiciaires : celui des
gentilshommes qui combattent entre eux à cheval, et celui des villa-
ges et des hameaux, qui a lieu à pied, suivant les ordonnances. »

quelles les condempnations et absolutions, ou enquestes soient faites, afin que on le peust juger, absoudre, ou condamner, ainsi que le cas le requiert, et évidemment apparoistra. En tésmoing de ce, nous avons ces lettres fait sceller de nostre grand scel. *Donné à Paris le Mercredy après la Trinité, l'an de grace mil trois cens et six* (1)»

# IV.

## DROIT CRIMINEL DES COURS DE CHRÉTIENTÉ.

### I. EXTENSION DE LA COMPÉTENCE DES COURS ECCLÉSIASTIQUES. DISTINCTION DU SPIRITUEL ET DU TEMPOREL.

**PHILIPPE DE BEAUMANOIR, Coutume du Beauvoisis, ch. XI.**

1. « Bonne coze est et porfitavle, et selonc Dieu et selonc le siècle, que cil qui gardent le justice esperituel, se mellassent de ce qui apartient à l'esperitualité tant solement et laissassent justicier et exploitier a le laie justice les cas qui apartienent à le temporalité, si que par le justice esperituel et par le justice temporel drois fust fes à cascun. Et por ce noz traiterons des cas qui apartienent à sainte Eglise, des quix le laie justice ne se doit meller ; et si parlerons des cas qui apartiennent à le laie juridiction des quix sainte Eglise ne se doit meller ; et si parlerons d'aucuns cas où il convient bien et est resons que l'une justice ayde à l'autre ; ch'est à entendre la justice de sainte Eglise à

_____

(1) LAURIÈRE rapporte dans ses notes sur cette ordonnance, un formulaire des combats à outrance, qui fut fait pour son exécution. On y trouve avec beaucoup de détails, les formalités qui étaient observées avant, pendant et après le combat. (*Recueil des ordonnances*, tome Ier, p. 435). — On peut voir sur les combats judiciaires, PASQUIER, *Recherches de la France*, liv. IV, ch. 1, 2 et 3 ; LA THAUMASSIÈRE *anciennes coutumes de Berry*, part. 1re, ch. 24 et 25.

la laie juridiction, et la laie juridiction à sainte Eglise. »   .   .   .

.   .   .   .   .   .   .   .   .   .   .   .   .   .   .   .   .   .   .

44. « Je ne los pas as justices laies que puisqu'il aront pris en
habit lai home que se face clers, que ils se hastent de justicier, devant
qu'ils sacent le vérité, s'il est clers ou non, et s'il se porra prover à
clerc ou non, ou puisqu'il est requis de sainte Eglise comme clers ;
car s'il estoit justiciés, puis l'amonnission fete, ou puisqu'il oroit dit :
« Je suis clers, » et il estoit après provés à clerc par sainte Eglise :
cil qui l'aroient justicié seroient escommenié griement, sans estre ab-
sols que par l'apostole. Mais s'il estoit pris en habit lai, et il ne di-
soit pas : « je sui clers, » ne amonnissions ne fust fete de sainte Eglise,
et il estoit justicié par jugement por son effet : sainte Eglise n'en
porroit puis riens demander à le justice laie, tout fust il ainsi que sainte
Eglise vausist prouver que li justicier eust esté clers. Car se sainte
Eglise pooit tenir les laies justices en tel cas, justice ne seroit jamès
fete seurement en tel cas, et si en demourroient moult de justice à
fere ; laquele coze nus ne devroit mie volontiers voloir, porceque justice, si est li communs porfis à toz. »

45. « Aucune fois avient il que aucunes personnes laies sont prises
en habit de clerc, si comme larron ou murdrier ou autre malvese gent,
si se font fere coronnes les uns as autres, ou à un barbier auquel il
font entendant qu'il sont clerc. Quant tix manières de gents sont pris,
il doivent estre rendu à sainte Eglise, et apartient à sainte Eglise savoir le vérité. E s'il treuvent qu'ils soient clerc, il les doivent justicier
selon le fourme de sainte Eglise, c'est à savoir en prison perpétuel,
s'ils sont ataint de cas de crieme. Et s'il sont trouvé lai, par lor
reconissance ou par aucune autre maniere chertaine : s'il furent pris
por cas de crieme, sainte Eglise ne les doit pas rendre à le laie justice, car cil qui les renderoient seroient irreguler, s'il estoient jugié
por tel fet (1) ; donques les poent et doivent metre en prison perpe-

---

(1) Le juge d'église, en renvoyant, dans ce cas, l'accusé à la justice
laïque qui lui infligerait la peine de mort, encourrait l'irrégularité qui
atteint celui à qui un homicide est imputable. « On compte pour irré-
guliers, c'est-à-dire exclus des ordres, eux qui ont tué quelqu'un par
accident, même involontairement... ceux qui ont causé la mort, même
d'un criminel, soit comme parties publiques, soit comme juges, ou
autres ministres de justice. Encore que ces actions ne soient pas criminelles, elles sont contraires à la douceur de l'Eglise qui abhorre le

tuelle, aussi comme s'il estoient clerc. Mais s'il sont pris por autre cas que por cas de crieme, bien les doivent et poent rendre à le laie justice ; ne puisqu'il aront esté une fois rendu de sainte Eglise comme lai, il ne porront puis estre requis comme clerc. »

46. « Quand il avient que justice laie se met en paine de penre mal-feteurs por cas de crieme, et il se resqueuent à penre, si ques on ne les pot penre sans tuer : se li prendeurs les tuent, on ne lor en doit rien demander, comment que cil qui se deffendent au penre soient clerc ou lai, nis se li clerc disoient : « Noz sommes clerc. » Et bien y a reson, car en prendant les clercs par cas de crieme, chil qui les prennent sont sergant de sainte Eglise ; et bien y pert, porce qu'il sont tenu à bailler les à lor ordenaire. Et s'il se tenoient de penre les ou mors ou vis quand il tornent à la deffense, jamais clerc ne se laïrroient penre à le laie justice, qu'il ne se deffendissent. Et encore plus à lor ordinaire s'il les vouloient penre, parce qu'il saroient bien que s'ils les tuoient ils seroient irreguler, donques ne porroient il estre pris, par quoi moult de maus porroient avenir. Encore se li lai ne les ozoient penre ou mors ou vis quant il se torneroient à deffense , se il n'i avoit nul clerc, anchois fussent tuit lai, si se douteroient li preneur qu'il n'i eust clerc, si que moult de malfeteur porroient escaper por ceste doute. Et por ce est il communs porfis à toz que le justice laie puist penre, por cas de crieme, et clers et lais, et avant tuer, s'il se deffendent, qu'il n'escapent. »

**CHARLES LOYSEAU, jurisconsulte français du XVI⁰ siècle, Des Seigneuries, chap. 15.**

« C'est la vérité qu'à succession de temps la justice ecclésiastique s'est merveilleusement accrue en France, dont on peut rendre plusieurs raisons. Premièrement, la dévotion et piété des François, qui a excédé tou-jours celle de toutes les autres nations. Item, pource qu'il est à croire, qu'on

---

sang. » FLEURY, institution au Droit ecclésiastique, I⁰ partie, ch. IV. — Celui qui est dans les ordres , ne peut plus faire aucune fonc-tion ecclésiastique, dès qu'il a encouru l'irrégularité.

avoit meilleure justice des juges d'église, tant à cause de leur sainteté, qu'aussi de leur suffisance, n'y ayant presque anciennement en France qu'eux qui fussent lettrez : d'où vient que nous appelons encore clerc, celuy qui est lettré. Aussi que l'Eglise ne pouvant condamner à peine de sang, n'y pareillement à l'amende, comme il vient d'estre dit, chacun, pour estre plus doucement traité, appetoit de l'avoir pour juge. Et sur tout pource qu'en cœur laye on ne condamnoit point aux despens, jusques au temps de Charles-le-Bel, qui abolit cette coustume en l'an 1324 : encor son ordonnance n'ayant esté observée, il la fallut renouveller par Philippe de Valois, et par Charles V. Mais la condamnation de despens fut reçuë ès cours d'Eglise de France, suivant le Droit Romain, et ainsi qu'és autres pays, dès le concile de Tours, tenu sous Alexandre III, environ l'an 1258. Joinct que les rois et seigneurs temporels de France et leurs juges ne se soucioient gueres alors de maintenir leurs justices, qui n'estoient pas questueuses, ny de grand revenu pour eux, ainsi qu'à présent ; ains plutôst leur estoient à charge et à coust : pource qu'elles estoient exercées gratuitement, qui estoit la cause pourquoy, on n'y adjugeoit point de despens, comme j'ay dit au 1er liv. *des Offices.* Et quant ils entroient en contention de juridiction avec les ecclésiastiques, les excommunications ne leur manquoient point, dont il nous reste encore ce vestige, que chacun dimanche ès prones de messes parochiales, on excommunie ceux qui empeschent la juridiction de l'Eglise. » . . . . . . . . . . .

« Toutes ces entreprises ont duré jusques à l'ordonnance de 1539, et y estoit-on tellement accoustumé qu'elles estoient passées en droict commun. Car ce ne sont pas encore celles, dont se plaignoit principalement devant le roy Philippes de Valois maistre Pierre de Cuignières, son advocat-général au parlement de Paris, ains c'estoient encore d'autres entreprises plus exhorbitantes, comme il se voit dans l'extraict de sa harangue, rapporté aux annales de Belle-Forest, et au 5e volume de la Bibliothèque sacrée. »

» Toutefois, ce bon roy Philippes de Valois, estant encore estably de frais en son royaume, à l'exclusion de l'Anglois, qui l'avoit prétendu, craignant d'y exciter de nouveaux troubles, à cause de l'autorité que le clergé avoit lors en France, n'osa y mettre la main, au moyen de ce que les ecclésiastiques firent artificieusement courir le bruit, que sous prétexte de retrancher les entreprises de leur justice, on leur vouloit quand et quand oster leur bien, ores que les propositions de cet advocat du roy n'y tendissent nullement. Tant y a que sa plainte ayant esté sans effect, a depuis causé plusieurs injures à sa mémoire, le faisant encore aujourd'hui servir de marmouset en l'église de Nostre-Dame de Paris, sous le sobriquet de Maistre Pierre de Cuignet : combien que l'histoire du temps nous tesmoigne que c'estoit un grand personnage, qui avoit beaucoup de creance envers le roy (1). »

« Mais enfin toutes ces entreprises de la justice ecclésiastique, ont esté retranchées fort bien, et à petit bruit, par l'ordonnance de l'an 1539, qui en six lignes, l'a remise et reduite au juste poinct de la raison : laissant à l'Eglise la cognaissance des sacrements entre toutes personnes, et des causes personnelles des ecclésiastiques, qui est en effect revenir à cette ancienne distinction des deux puissances : attendu que les personnes et les choses spirituelles, sont laissées à la justice ecclésiastique, et les temporelles à la temporelle : et partant c'est le vray réglement de nostre seigneur, *quœ Cœsaris Cœsari : et quœ Dei, Deo*, dont s'ensuit qu'il y a grande apparence qu'il durera toujours. »

« Tant y a que ce réglement a tellement diminué la justice ecclésiastique, et augmenté la temporelle au prix de ce qu'elles étoient lors l'une et l'autre, qu'estant à Sens en ma jeunesse, j'ouy dire à deus anciens procureurs de cour d'Eglise, qui avoient veu le temps d'auparavant cette ordonnance, qu'il y avoit lors plus de trente procureurs en l'officialité de Sens, tous bien employez et n'y en avoit que cinq ou six au baillage, bien que ce soit un des grands baillages de France, ainsi que j'ay dit ailleurs : et maintenant tout au rebours, il n'y a que cinq ou six procureurs morfondus en l'officialité, et il y en a plus de trente au baillage. »

---

(1) PIERRE DE CUGNIERES était un ardent antagoniste des prétentions du clergé relatives aux conflits d'attributions qui s'élevaient journellement entre les justices ecclésiastiques et les justices laïques. On lui a attribué, sans raison, l'introduction de *l'appel comme d'abus*, qui paraît postérieur à son époque. Il porta la parole au nom du Roi, dans une assemblée d'évêques et de seigneurs tenue à Vincennes, en 1330, et il y reprocha avec beaucoup d'aigreur au clergé ses empiètements sur les justices séculières. V. ANQUÉTIL, *histoire de France*, règne de Philippe VI, de Valois, année 1330 ; VILLARET, *histoire de France* (continuation de Velly), au tome VIII, p. 234.

## 2. ORIGINE DE LA PROCÈDURE PAR VOIE D'ENQUÊTE SECRÈTE ET ÉCRITE, DITE PROCÈDURE INQUISITORIALE.

**Constitution du Pape BONIFACE VIII qui autorise le secret des procédures instruites contre les hérétiques, lorsque la publicité pourrait offrir des dangers.** (CORPUS JURIS CANONICI, IN SEXTO, LIB. V, TIT. II, CAP. 20).

« Statuta quædam felicis recordationis Innocentii, Alexandri et Clementis prædecessorum nostrorum quibusdam declaratis, et additis recensentes : concedimus, quod in inquisitionis hæreticæ pravitatis negocio procedi possit simpliciter et de plano, et absque advocatorum ac judiciorum strepitu et figura. Jubemus tamen, quod si accusatoribus vel testibus in causa hæresis intervenientibus, seu deponentibus (propter potentiam personarum, contra quas inquiritur), videant episcopus vel inquisitores grave periculum imminere, si contingat fieri publicationem nominum eorumdem : ipsorum nomina non publice, sed secreto coram diœcesano episcopo vel eo absente ipsius vicario, quando inquisitores procedunt : quando vero procedit episcopus coram inquisitoribus, si haberi commode possit copia eorumdem, ac nihilominus sive episcopus, sive inquisitores processerint, aliquibus aliis personis providis et honestis, jurisque peritis (quas ad hoc vocari, et eis per totum processum super quo deliberandum est seriose manifestari, ac integraliter explicari, et de ipsorum consilio ad sententiam vel condemnationem procedi volumus) exprimantur ; sicque (non obstante, quod illis contra quos hujusmodi deposuerunt, nomina ipsorum non fuerint publicata), adhibeatur ad cognitionem judicis instruendam plena fides depositionibus testium eorumdem. Et ut eorumdem accusatorum et testium, periculis efficacius accusator, et cautius in inquisitionis negocio procedatur : præsentis constitutionis auctoritate permittimus, quod episcopus vel inquisitores secretum possint indicere illis quibus (ut præmissum est), processum hujusmodi explicabunt : et in eos si arcana consilii, seu processus, sibi sub secreto ab eisdem episcopo, vel inquisitoribus patefacta præter eorum licentiam aliis patefecerint, excommunicationis sententiam quam ex secreti violatione ipso facto incurrant (si eis impedire videtur) promulgare : sic tamen, quod inquisitores episcopum, vel episcopus inquisitores non excommunicent hac de causa, sed episcopi ex injuncto ex nunc à nobis sub virtute sanctæ obedientiæ districto præcepto ad secretum hujus modi teneantur. Cessante vero pericula supradicta, accusatorum et testium nomina (prout in aliis fit judiciis) publicentur. Cæterum in his omnibus præcipimus, tum episcopos, quam inquisitores puram et providam intentionem habere, ne ad accusatorum vel testium nomina supprimenda, ubi est securitas periculum esse dicant : nec in eorum discrimen securitatem asserant, ubi tale periculum immineret, super hoc eorumdem consciencias onerantes. »

## V.

## DROIT CRIMINEL DES ORDONNANCES DES ROIS.

LA PROCÉDURE INQUISITORIALE REMPLACE, DANS LES JUSTICES ROYALES
ET SEIGNEURIALES, LA FORME ACCUSATORIALE.

**Ordonnance de LOUIS XII, du mois de mars 1498, rendue en conséquence d'une assemblée de notables tenue à Blois, sur la réformation de la justice et l'utilité générale du royaume (1).**

« (110). *Item.* Quant aux prisonniers et autres accusez de crime, auxquels faudra faire procès criminel, ledit procès se fera le plus diligeamment et secrètement que faire se pourra, en manière que aucun n'en soit averti, pour éviter les subornations et forgemens qui se pourraient faire en telles matières, en la présence du greffier ou de son commis, sans y appeler le geolier, sergens, clers, serviteurs, et tous autres qui n'auront le serment à nous et à justice. »

« (111). *Item.* Se feront toutes les diligences nécessaires de plus

---

(1) ISAMBERT, *Anciennes Lois françaises*, tom. XI, p. 223 et suiv.

amples informations, recollemens ou confrontations de témoins, et pour la vérification de l'alibi ou autre fait si aucun y en a, recevable pour ou contre le prisonnier, le plus diligemment et secretement que faire se pourra, en manière que aucun n'en soit averti. »

. . . . . . . . . . . . . . . . .
. . . . . . . . . . . . . . . . .

« (116). *Item.* Et s'il est conclud que le dit prisonnier soit condamné à mort, ou autre peine corporelle, nos dits baillifs, senechaux et juges, ou leurs lieutenans, prononceront leur sentence en plein auditoire ou en la chambre du conseil, lui estant en la charte ou prisons, selon les loüables coutumes des lieux, esquels lieux de l'auditoire ou de la dite chambre sera mené le dit prisonnier, et lui sera prononcé la dite sentence en la présence du greffier qui l'enregistrera au livre des sentences, et s'il n'en est appelé, assistera avec ledit prisonnier, et l'accompagnera jusques à ce que la dite sentence soit executée, et le jour mesme. »

### Ordonnance de FRANÇOIS Ier, sur le fait de justice, donnée à Villers-Cotterets au mois d'août 1539 (1).

« (162). En matières criminelles, ne seront les parties aucunement ouïes et par le conseil ne ministère d'aucunes personnes, mais répondront par leurs bouches des cas dont ils seront accusés, et seront ouïes et interrogées comme dessus, séparément, secrètement et à part, ostant et abolissant tous styles, usances ou coutumes, par lesquels les accusés avoient accoutumés d'être ouïs en jugemens, pour savoir s'ils devoient être accusés, et à cette fin avoir communication des faits et articles concernant les crimes et délits dont ils étaient accusés, et toutes autres choses contraires à ce qui est contenu ci-dessus » (2).

---

(1) ISAMBERT, *Anciennes Lois françaises,* tóm. XII, p. 600.— Cette ordonnance, œuvre du chancelier POYET, est un des actes les plus importants du règne de François Ier. Elle détermine des limites qui doivent séparer la juridiction ecclésiastique et la juridiction séculière. Elle prescrit la tenue des registres pour la constatation des naissances et des décès. Elle attaque et réprime des abus nombreux. Elle règlemente avec beaucoup de détails la procédure criminelle.
(2) Cette disposition rigoureuse refuse aux accusés l'assistance d'un

# VI.

# DROIT CRIMINEL INTERMÉDIAIRE.

### SOURCES PRINCIPALES.

1. CODE DE PROCÉDURE CRIMINELLE DU 16 SEPTEMBRE 1791. (*Collection des Lois et Décrets* de DUVERGIER, tome III, p. 331 et suiv. )

DÉCRET DU 29 SEPTEMBRE 1791, EN FORME D'INSTRUCTION POUR LA PROCÉDURE CRIMINELLE (*même collection*, tome III, p. 478).

2. CODE PÉNAL DU 25 SEPTEMBRE 1791 (*même collection*, tome III, p. 403).

3. LOI DU 19 JUILLET 1791, RELATIVE A L'ORGANISATION DE LA PO-LICE MUNICIPALE ET DE LA POLICE CORRECTIONNELLE (*même collection*, tome III, p. 132).

---

conseil. Le chancelier Poyet ayant été poursuivi et mis en jugement pour des malversations qu'on lui imputait, demanda, pendant le cours de ses interrogatoires, l'assistance d'un conseil qui lui fut refusé en ces termes qu'on a souvent rappelés : *Patere legem quam ipse tuleris.*— La règle introduite par Poyet fut reproduite, en lui faisant subir quelques exceptions, dans l'art. 8 du titre XIV de l'ordonnance de 1670. On voit dans le procès-verbal des conférences qui eurent lieu pour l'examen du projet de cette ordonnance, que M. le premier président de Lamoignon insista vivement pour que l'assistance d'un défenseur fût dans tous les cas accordée à l'accusé. M. Pussort défendit les dispositions qui passè-rent dans l'ordonnance, en prétendant que les défenseurs entravaient la marche des procès criminels en soulevant des incidens multipliés, en invoquant des nullités de forme et en employant toutes les ressources imaginables pour arracher à l'action des lois les personnes fortunées. (*Procès-verbal des Conférences*, p. 162). — Au reste, les dispositions des ordonnances de 1539 et 1670 ne furent pas strictement exécutées sur ce point, et il était rare, dans la pratique, qu'on refusât aux accu-sés le secours d'un conseil lorsqu'ils le demandaient.

4. CODE DES DÉLITS ET DES PEINES, DU 3 BRUMAIRE AN IV, (*même collection*, tome VIII, p. 469. — *Bulletin des Lois*, 1ʳᵉ *série*, nº 1221).

5. LOI DU 18 PLUVIOSE AN IX, QUI ÉTABLIT DES TRIBUNAUX SPÉCIAUX (*même collection*, tome XII, p. 386. — *Bulletin des Lois, III*ᵉ *série*, nº 527).

6. LOI DU 23 FLORÉAL AN X, QUI RÉTABLIT LA PEINE DE LA MARQUE, ET QUI ORGANISE DES TRIBUNAUX SPÉCIAUX POUR STATUER EN MATIÈRE DE FAUX, ETC. (*même collection*, tome XIII, p. 429. — *Bulletin des Lois, III*ᵉ *série*, nº 1574).

# VI.

## DROIT CRIMINEL DE L'EMPIRE.

### SOURCES PRINCIPALES.

1. CODE D'INSTRUCTION CRIMINELLE DE 1808. (*Bulletin des Lois*, IVᵉ série, nº 214 *bis*).

2. CODE PÉNAL DE 1810. (*Bulletin des Lois*, IVᵉ série, nº 277 bis).

3. LOI DU 20 AVRIL 1810, QUI CRÉE LES COURS IMPÉRIALES, QUI ORGANISE LES COURS D'ASSISES ET LES COURS SPÉCIALES ORDINAIRES ET EXTRAORDINAIRES. (*Collection de Duvergier*, tome XVII, p. 20. — *Bulletin des Lois*, IVᵉ série, nº 5351).

# VII.

### RÉFORMES DE LA LÉGISLATION CRIMINELLE DE L'EMPIRE

1ʳᵉ GRANDE RÉFORME, OPÉRÉE PAR LA LOI DU 25 JUIN 1824, CONTENANT DIVERSES MODIFICATIONS AU CODE PÉNAL (*Collection de Duvergier*, tome XXIV, p. 515. — *Bulletin des Lois*, VIIᵉ série, nº 17,243).

« Art. 1er Les individus âgés de moins de seize ans, qui n'auront pas de complices au-dessus de cet âge, et qui seront prévenus de crimes autres que ceux auxquels la loi attache la peine de mort, celle des travaux forcés à perpétuité, ou celle de la déportation, seront jugés par les tribunaux correctionnels, qui se conformeront aux art. 66, 67 et 68 du code pénal. »

« Art. 4. Les cours d'assises, lorsqu'elles auront reconnu qu'il existe des circonstances atténuantes, et sous la condition de les déclarer expressément, pourront, dans les cas et de la manière déterminés par les articles 5 et suivants, jusques et y compris l'art. 12 (1), réduire les peines prononcées par le Code pénal.

« 12. Les dispositions ci-dessus, autres, toutefois, que celles de l'art. 5 (2), ne s'appliquent ni aux mendiants, ni aux vagabonds, ni aux individus qui, antérieurement au fait pour lequel ils sont poursuivis, auront été condamnés, soit à des peines afflictives ou infamantes, soit à un emprisonnement correctionnel de plus de six mois. »

2ᵉ GRANDE RÉFORME, OPÉRÉE PAR LA LOI DU 28 AVRIL 1832, QUI A RÉVISÉ LE CODE D'INSTRUCTION CRIMINELLE ET LE CODE PÉNAL. (*Collection de Duvergier*, tome XXXII, p. 121. — *Bulletin des Lois*, IXᵉ série, nᵒ 172).

3ᵉ GRANDE RÉFORME, RÉSULTANT DE L'ABOLITION DE LA PEINE DE MORT EN MATIÈRE POLITIQUE, DE L'ABOLITION DE L'EXPOSITION PUBLIQUE ET DES EXÉCUTIONS PAR EFFIGIE DES CONDAMNATIONS PRONONCÉES PAR CONTUMACE.

**A.** — *Textes relatifs à l'abolition de la peine de mort en matière politique* (3).

---

(1) Ces cas, peu nombreux, embrassent l'infanticide à l'égard de la mère seulement, les coups et blessures qui ont occasioné une incapacité de travail de plus de vingt jours, et certains vols qualifiés.
(2) Il s'agit, dans l'art. 5, du crime d'infanticide commis par la mère.
(3) La peine de mort n'était plus infligée, depuis 1830, pour des crimes purement politiques. Les actes que nous allons rapporter érigent en principe ce qui existait déjà en fait. — Voir, sur cette matière, GUIZOT, *de la Peine de mort en matière politique*, in-8º.

7

*a*). Décret du gouvernement provisoire du 26 février 1848 qui déclare que la peine de mort est abolie en matière politique , et que ce vœu sera présenté à la ratification définitive de l'assemblée nationale (1). (Recueil de Duvergier, *tome* xlviii , *p.* 64 — *Bulletin des Lois* , *X*ᵉ *série* , *n*° 25).

*b*) Constitution du 4 novembre 1848, « art. 5. La peine de mort est abolie en matière politique. »

*c*) Loi du 8 juin 1850 sur la déportation.

« Art. 1ᵉʳ. Dans tous les`cas où la peine de mort est abolie par l'art. 5 de la Constitution, cette peine est remplacée par celle de la déportation dans une enceinte fortifiée , désignée par la loi, hors du territoire continental de la République. — Les déportés y jouiront de toute la liberté compatible avec la nécessité d'assurer la garde de leurs personnes. — Ils seront soumis à un régime de police et de surveillance déterminé par un réglement d'administration publique. »

» 2. En cas de déclaration de circonstances atténuantes, si la peine prononcée par la loi est celle de la déportation dans une enceinte fortifiée, les juges appliqueront celle de la déportation simple, ou celle de la détention ; mais dans les cas prévus par les art. 86, 96 et 97 du Code pénal, la peine de la déportation simple sera seule appliquée. »

» 3. En aucun cas, la condamnation à la déportation n'emporte la mort civile ; elle entraîne la dégradation civique. — De plus, tant qu'une loi nouvelle n'aura pas statué sur les effets civils des peines perpétuelles, les déportés seront en état d'interdiction , conformément aux art. 29 et 31 du Code pénal. — Néanmoins hors le cas de déportation dans une enceinte fortifiée, les condamnés auront l'exercice des droits civils dans le lieu de déportation. — Il pourra leur être remis, avec l'autorisation du gouvernement, tout ou partie de leurs biens. — Sauf l'effet de cette remise, les actes par eux faits dans le lieu de déportation ne pourront engager ni affecter les biens qu'ils possédaient au jour de leur condamnation , ni ceux qui leur seront échus par succession ou donation. »

---

(1) M. de Lamartine donne des détails sur la rédaction et la publication de ce décret dans le tome 1ᵉʳ de son *histoire de la Révolution de* 1848, p. 414 et 425. — Nous publiâmes sur l'application de ce décret, un travail qu'on trouvera dans la *Revue de droit français et étranger*, année 1848, p. 273.

» 4. La vallée de Vaïthau aux îles Marquises est déclarée lieu de déportation pour l'application de l'art. 1ᵉʳ de la présente loi. »

» 5. L'île de Noukahiva, l'une des Marquises, est déclarée lieu de déportation pour l'exécution de l'art. 17 du Code pénal. »

» 6. Le gouvernement déterminera les moyens de travail qui seront donnés aux condamnés, s'ils le demandent. — Il pourvoira à l'entretien des déportés qui ne subviendraient pas à cette dépense par leurs propres ressources. »

» 7. Dans le cas où les lieux établis pour la déportation viendraient à être changés par la loi, les déportés seraient transférés des anciens lieux dans les nouveaux. »

» 8. La présente loi n'est applicable qu'aux crimes commis postérieurement à sa promulgation. »

**B.** — *Abolition de l'exposition publique.*

Décret du gouvernement provisoire du 12 avril 1848.

» Le gouvernement provisoire, sur le rapport du ministre de la justice ; vu l'art. 22 du Code pénal, ainsi conçu : »

« Quiconque aura été condamné à l'une des peines des travaux for-
» cés à perpétuité, des travaux forcés à temps ou de la réclusion,
» avant de subir sa peine. demeurera durant une heure exposé aux re-
» gards du peuple sur la place publique. Au-dessus de sa tête sera
» placé un écriteau portant, en caractères gros et lisibles, ses noms,
» sa profession, son domicile, sa peine et la cause de sa condamna-
» tion. — En cas de condamnation aux travaux forcés à temps ou à
» la réclusion, la Cour d'assises pourra ordonner, par son arrêt, que
» le condamné, s'il n'est pas en état de récidive, ne subira pas l'expo-
» sition publique. — Néanmoins l'exposition publique ne sera ja-
» mais prononcée à l'égard des mineurs de dix-huit ans et des sep-
» tuagénaires. » — Considérant que la peine de l'exposition publique dégrade la dignité humaine, flétrit à jamais le condamné et lui ôte, par le sentiment de son infamie, la possibilité de la réhabilitation ; — Considérant que cette peine est empreinte d'une odieuse inégalité, en ce qu'elle touche à peine le criminel endurci, tandis qu'elle frappe d'une atteinte irréparable le condamné repentant ; — Considérant enfin que le spectacle des expositions publiques éteint le sentiment de la pitié et familiarise avec la vue du crime, décrète : »

« La peine de l'exposition publique est abolie. »

**C.** — *Abolition de l'exécution par effigie des condamnations prononcées contre les contumaces.*

Loi du 2 janvier 1850.

L'art. 472 du code d'instruction criminelle est modifié ainsi qu'il suit : « Extrait du jugement de condamnation sera, dans les huit
» jours de la prononciation, à la diligence du procureur-général ou
» de son substitut, inséré dans l'un des journaux du département
» du dernier domicile du condamné. — Il sera affiché, en outre,
» 1° à la porte de ce dernier domicile ; 2° de la maison commune
» du chef-lieu d'arrondissement où le crime a été commis ; 3° du
» prétoire de la cour d'assises. — Pareil extrait sera, dans le même
» délai, adressé au Directeur de l'administration de l'enregistrement
» et des domaines du domicile du contumax. — Les effets que la
» loi attache à l'exécution par effigie, seront produits à partir de la
» date du dernier procès-verbal constatant l'accomplissement de la
» formalité de l'affiche prescrite par le présent article. »

www.ingramcontent.com/pod-product-compliance
Lightning Source LLC
Chambersburg PA
CBHW071526200326
41519CB00019B/6082